KB240077

5000만 원으로

잘나가는

펫숍 창업하기

5000만 원으로 잘나가는 펫숍 창업하기

한국창업컨텐츠연구소(KSCP) 지음

한스미디어

반려동물 시장의 무궁무진한 가능성

국내에서 애완동물을 키우는 인구는 약 1000만 명에 달한다. 2013년 기준 국내에서 애완동물을 기르는 가정의 비율은 약 17.4퍼센트로 가정에서 길러지는 개와 고양이 수를 모두 합하면 약 700만 마리. 서울시가 2013년부터 동물등록제를 시행한 이후 3개월 만에 약 6만 마리가 넘는 동물이 등록된 점만 봐도 우리나라에 애완동물을 키우는 인구가 계속 늘고 있다는 것을 알 수 있다.

반려동물 관련 시장도 계속 성장하고 있다. 업계 추산으로 국내 반려동물 시장 규모는 1조 8000억 원대이며 반려동물 관련 용품의 시장 규모는 5000억 원대이다. 전문가들은 반려동물 시장 규모가 향후 2020년까지 6조 원대로 성장할 것으로 내다본다.

이처럼 애완동물 시장이 커지는 이유는 핵가족화, 고령화, 1인 가구의 증가 때문이다. 혼자 살거나 가족이 적은 사람들은

애완동물을 키우며 만족감을 얻는다. 그에 따라 애완동물 관련 시장은 충분한 잠재력을 갖추게 되었고 애완동물 업계에서 돈을 벌고자 펫숍 창업에 도전하는 이들도 많아졌다.

'펫숍'은 흔히 동물병원이나 애완견 미용실, 사료용품점, 애견카페를 지칭하는 말이다. 최근에는 애견 유치원, 애견 장례식장 등 펫숍으로 불릴 만한 새로운 사업 모델도 탄생하고 있다. 특히 주목할 만한 점은 펫숍에서 취급하는 동물의 범주가 점차 넓어지고 있다는 것이다. 개나 고양이뿐 아니라 앵무새, 고슴도치, 이구아나 등 희귀동물을 취급하는 펫숍이 생기면서 펫 관련 산업은 앞으로도 더욱 성장할 것으로 보인다.

펫숍 창업은 일정한 규모의 점포가 필요한 데다 생물 관리에 대한 위험 부담이 커서 선뜻 창업하기 망설여지는 업종이다. 단순히 동물을 좋아한다고 해서 쉽게 창업할 수 있는 업종은 아니다. 자격증 취득, 실무 경험은 물론 동물 관련 지식을 꾸준

히 쌓아야만 펫숍 창업에 실패하지 않는다. 펫숍을 창업하기에 앞서서 충분한 준비가 필요하다는 뜻이다. 펫숍을 창업하려는 이들은 대개 자신이 관심 있는 동물 외에는 동물에 대한 지식이 부족하다. 이 때문에 경험이 있는 사업자들은 펫숍에서 6개월에서 1년가량 일해본 다음에 창업하라고 조언한다.

펫숍 창업을 어떻게 준비할 것인지는 창업자 스스로 해결해야 할 숙제다. 이 책에서는 펫숍 창업 이후에 필요한 효율적인 운영 방법을 비중 있게 다뤘다. 창업 준비보다는 실전에서의 경험을 중시하는 사업주들이 많기 때문이다.

1부에서는 실제 펫숍 창업자들의 현장을 취재해 반드시 알아야 할 창업 정보를 실었다. 2부에서는 펫숍 창업의 유형과 특징, 그리고 펫숍 창업 이후의 경영 노하우 등을 담았다. 앵무새, 애완견, 희귀동물까지 펫숍의 특징에 따라 각기 다른 사업주들의 노하우를 귀담아듣다 보면 자신이 선택한 아이템을

어떻게 발전시켜나갈지에 대한 힌트를 얻을 것이다.

　미래를 내다보고 창업하기란 누구에게나 어려운 일이다. 현재 국내 펫 시장의 여건이 어느 정도 무르익었는지는 함부로 속단하기 어렵다. 하지만 분명한 사실은 국내 펫 비즈니스는 발전 가능성이 무궁무진하고 수많은 기회가 존재한다는 것이다. 동물병원과 애견숍이 그랬듯, 앞으로는 앵무새나 희귀동물을 전문적으로 취급하는 펫숍이 더 많아질 것이다. 이 책이 독자들에게 펫숍 창업에 대한 전망을 보여주고, 성공적으로 펫숍을 운영하는 데 도움이 되기를 바란다.

Part 01

사장님이 들려주는 리얼 창업 스토리

Part 02

실전에서 바로 써먹는 알짜배기 창업 수칙

창업 준비

- 사업가로 성공하겠다는 강한 의지가 있는가?

- 고객지향적인 사고를 하고 있는가?

- 시장조사는 충분히 해보았는가?

- 직접 애완동물을 키우고 번식시킨 경험이 있는가?

- 펫숍 탐색과 정보 수집을 충분히 했는가?

- 하루에 12시간 이상, 일주일에 6일 이상 일할 자신이 있는가?

- 치열한 경쟁에서 살아남을 자신이 있는가?

점포 및 아이템 선정

- 자신의 적성에 맞는 아이템인가?

- 한 가지 아이템 수량을 3~6개 정도로 유지했는가?

- 마진율을 철저하게 따져보았는가?

- 점포 위치를 신중하게 결정했는가?

- 지역의 특성을 확인했는가?

- 지역에 충분한 유동인구가 있는가?

- 유행에 영향을 받는 아이템은 아닌가?

- 관리와 운영을 쉽게 할 수 있는 아이템인가?

- 해당 아이템의 차별화된 경쟁력을 갖추고 있는가?

- 해당 아이템의 향후 발전 가능성을 검토해보았는가?

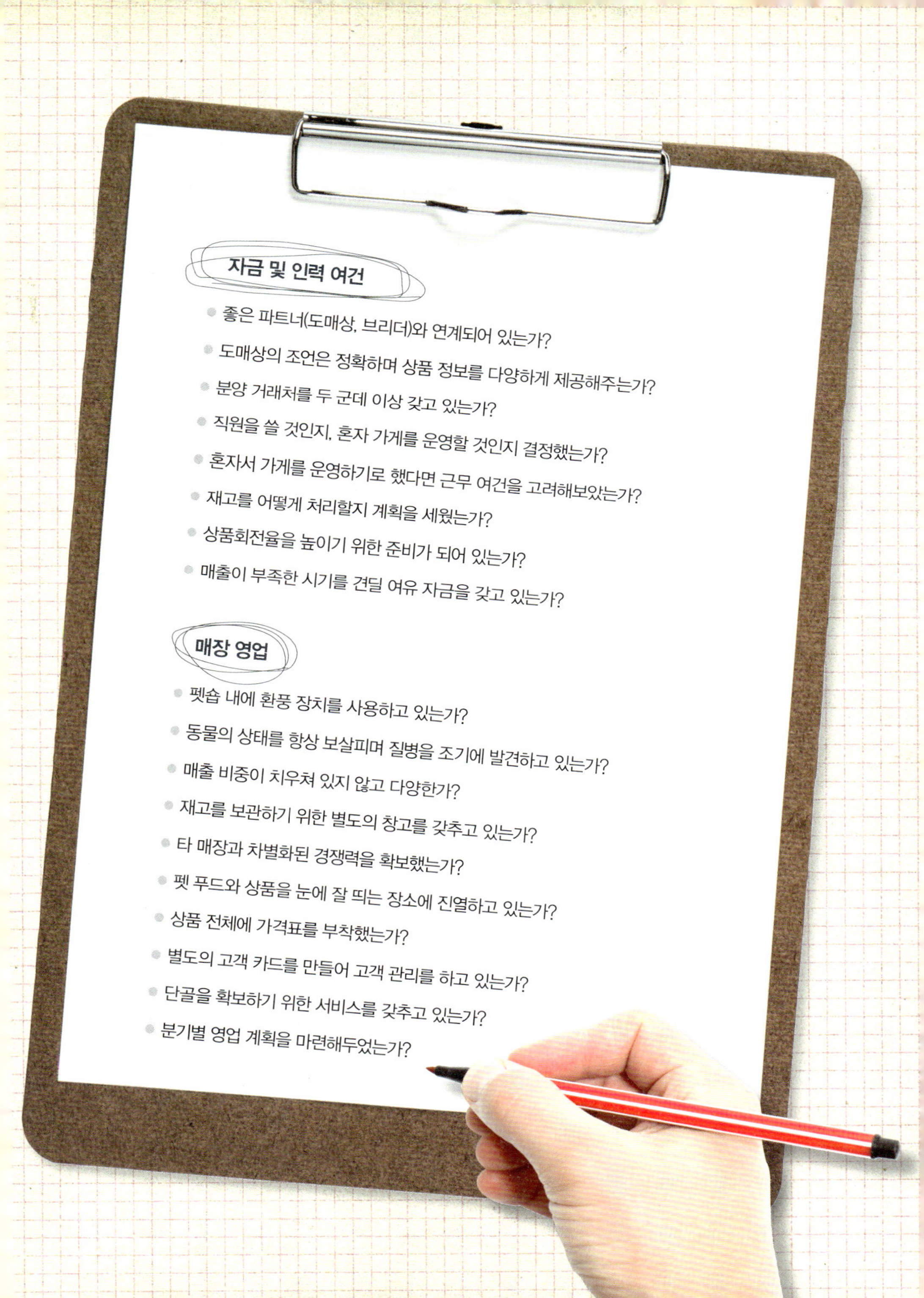

자금 및 인력 여건

- 좋은 파트너(도매상, 브리더)와 연계되어 있는가?
- 도매상의 조언은 정확하며 상품 정보를 다양하게 제공해주는가?
- 분양 거래처를 두 군데 이상 갖고 있는가?
- 직원을 쓸 것인지, 혼자 가게를 운영할 것인지 결정했는가?
- 혼자서 가게를 운영하기로 했다면 근무 여건을 고려해보았는가?
- 재고를 어떻게 처리할지 계획을 세웠는가?
- 상품회전율을 높이기 위한 준비가 되어 있는가?
- 매출이 부족한 시기를 견딜 여유 자금을 갖고 있는가?

매장 영업

- 펫숍 내에 환풍 장치를 사용하고 있는가?
- 동물의 상태를 항상 보살피며 질병을 조기에 발견하고 있는가?
- 매출 비중이 치우쳐 있지 않고 다양한가?
- 재고를 보관하기 위한 별도의 창고를 갖추고 있는가?
- 타 매장과 차별화된 경쟁력을 확보했는가?
- 펫 푸드와 상품을 눈에 잘 띄는 장소에 진열하고 있는가?
- 상품 전체에 가격표를 부착했는가?
- 별도의 고객 카드를 만들어 고객 관리를 하고 있는가?
- 단골을 확보하기 위한 서비스를 갖추고 있는가?
- 분기별 영업 계획을 마련해두었는가?

Part

사장님이
들려주는
리얼 창업 스토리

미용 . 용품 . 교배 . 분양 . 호텔
犬
Dog #
도그샵
www.dogshrp.com T.433-9332 H.P 010-6307-9332
MicroBubble
Therapy
"마이크로버블 테라피 설치"
12-1
예견미용

Dog

픽업 서비스 애견숍 | 인천 남동구 도그샵

고객을 찾아가는 애견 미용사

- **이름** 도그샵
- **위치** 인천 남동구 도림동
- **개업** 2012년 12월
- **보증금** 1000만 원
- **권리금** 없음
- **규모** 13평
- **서비스 요금** 소형견 목욕 1만 3000~3만 원대, 중형견 목욕 1만 8000~5만 원대

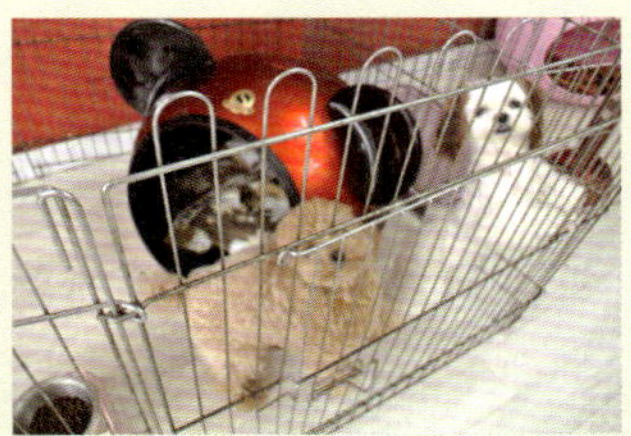

도그샵은 혼자 사는 직장인 여성들을 위해 애완견을 집까지 데려다 주는 '픽업 서비스'를 제공하고 있다. 겉보기에는 사장이 사서 고생하는 것 같지만 고객이 예약했다가 매장에 안 오는 일도 없고, 비용을 현금으로 받으니 꽤 괜찮은 서비스이다. 고객에게 어떤 서비스가 필요한지 알려면 사업주가 고생을 많이 해봐야 한다는 게 이현주 사장의 지론이다.

이현주 사장은 펫숍을 창업하기 전, 음식점 서빙부터 화장품 영업까지 다양한 일을 해본 경험이 있다. 오랫동안 개를 키우면서 언젠가는 펫숍 창업을 해보리라고 결심했던 그는 공인중개사 자격증을 따려고 공부하던 중 외국에서도 영업할 수 있는 펫숍 창업이 더 낫겠다고 판단했다.

그는 창업 후 1년 동안 인천 논현동에 있는 애견숍에서 숍인숍으로 장사를 했다. 애견 분양숍은 개업한 지 얼마 안 된 상태였는데, 이현주 사장이 애견 미용으로 고객을 확보한 덕분에 장사가 잘되었다고 한다. 매출이 점점 높아지자 애견숍 사장이 '내가 직접 애견 미용을 해보겠다'고 나서 이현주 사장이 손을 떼고 나갈 수밖에 없는 처지가 되었다. 매달 200만 원대 순수익을 올리고 있었으니 애견숍 사장이 욕심을 낼 만도 했다.

이현주 사장은 어떤 장사를 해도 잘할 자신이 있었다. 숍인숍에서 장사할 때도 손님이 없을 때면 아파트 단지에서 명함을 돌리며 매장을 홍보했다. 가게를 찾아오는 손님의 눈에 띄라고 강아지를 정성스럽게 미용해 풀어놓으면 눈 밝은 고객은 '우리 개도 똑같이 해달라'고 애견 미용을 맡길 정도였다.

정식으로 매장을 얻어도 되겠다는 확신이 들자, 숍인숍 영업을 했던 논현동 일대에서 빈 점포를 찾기 시작했다. 단골로 삼을 만한 고객은 논현동에

도그숍의 서비스 메뉴 가격표.

미용을 할 때는 가위컷으로 세심함을 더한다.

우리 가게 장비 구입 비용은?
스파 기계: 150만 원
드라이 기계: 100만 원
중고 에어컨: 120만 원
기타: 630만 원
총 1000만 원

더 많았지만, 논현동은 애견숍이 포화 상태인 게 문제였다. 이현주 사장은 옆 동네인 도림동 아파트 단지 앞 1층에 매장을 얻었다. 알음알음 찾아오는 고객들이 거리상의 이유로 개를 데리러 오지 못하는 일이 생기자 그는 픽업 서비스까지 하기 시작했다. 고객이 오전에 개를 맡기면 오후에 차로 데려다 주는 서비스이다.

집까지 개를 데려다 주는 픽업 서비스는 단골을 늘리는 경쟁력으로 자리 잡았다. 현금 결제만 가능하고 가끔은 개를 늦게 데려다 줄 때가 있는데도 고객들 반응은 꽤 좋다. 미용 서비스를 받는 개가 하루 평균 한두 마리에 그치던 게, 픽업 서비스를 시작한 이후부터 대여섯 마리로 늘었다. 이현주 사장은 가게 바로 앞에 있는 아파트 단지 내 몸이 불편한 어르신들을 위해서도 픽업 서비스를 해주고 있다. 그는 가만히 앉아서 노느니 픽업 서비스라도 하는 게 매출을 올리는 방법이라고 말한다.

시간이 날 때마다 애견 세미나에 참석한다

세미나 참석은 인맥을 쌓기 위한 게 아니라 개를 이해하는 데 필요한 여러 가지 기술을 배우기 위해서다. 펫숍은 끊임없이 공부하지 않으면 빠르게 변하는 유행을 따라잡을 수 없으므로 정기적으로 세미나에 참석해 정보를 얻는 게 중요하다.

STEP 1. 매장 콘셉트 정하기

애견카페에서 참고한 인테리어를 그대로 따라 하려고 했지만 견적이 꽤 높았다. 그래서 예쁘게 꾸미기보다는 실용성에 초점을 맞춘 깔끔하고 단정한 인테리어를 시공할 수밖에 없었

부지런한 사장이 되어라

매일 오전 10시부터 저녁 7시까지 영업한다. 개업 초기에는 휴일 없이 장사했다가 요즘은 일주일에 하루를 쉰다. 비수기는 추석이나 구정 같은 연휴 때이다. 여름에는 장사가 잘되는 편. 도그샵은 독특하게도 비 오는 날 손님이 더 많다. 개업 첫 달의 매출이 350만 원가량 되었고, 지금도 여전히 비슷한 수준을 유지하고 있다.

다. 겉보기에는 별다른 특색이 없어 보이지만, 내부를 들여다보면 빨간색 벽돌 장식으로 포인트를 준 것이 눈에 띈다. 이현주 사장은 지인에게 인테리어 업자를 소개받았는데 인터넷 검색을 통해 견적이 더 저렴한 업체를 찾고 시공을 맡겼다.

투자비용을 낮게 책정한 만큼, 욕심을 부릴 수 없어 견적이 높은 항목들을 하나둘씩 빼다 보니 결과적으로는 너무 단조로운 인테리어가 되었다. 또한 인테리어에만 신경 쓴 나머지 벽이 방음이 제대로 되지 않는 점을 간과해 입주 세대와 갈등이 생기기도 했다. 이현주 사장은 인테리어를 시공할 때 매장 안쪽만 신경 쓸 게 아니라 방음이나 전기 배선 등 주변 환경과의 조화도 고려해야 한다고 조언한다.

STEP 2. 상품 및 매출 관리법

이현주 사장은 숍인숍으로 영업할 때부터 소형견 목욕 비용을 3만 원으로 책정했다. 서울의 일반적인 애견숍보다 5000원 정도 저렴한 가격이다. 가격을 1000원만 올려도 고객이 떨어져 나가기 때문에 목욕비는 쉽게 올리기 어렵다. 사료를 들여올 때는 중간 유통업자에게 일괄로 맡기는 것보다 사료회사에 연락해 상품을 따

Works

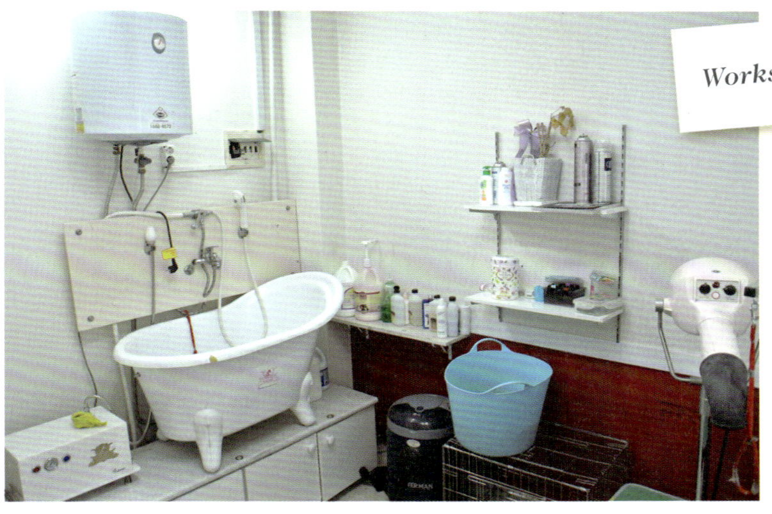

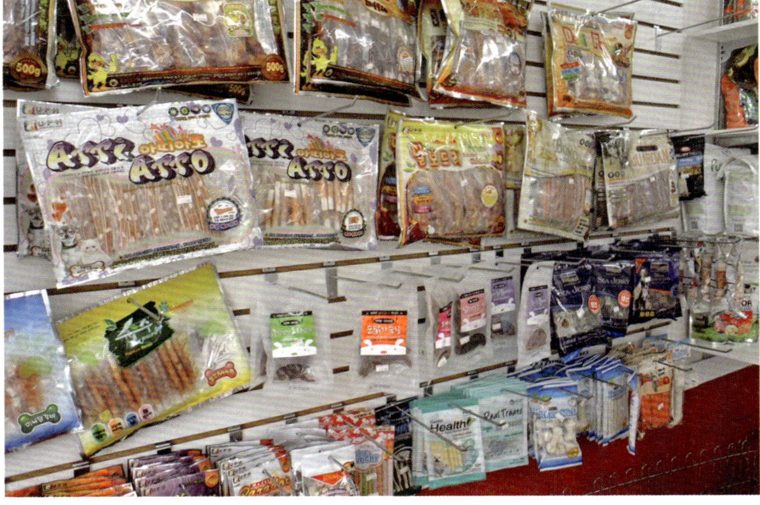

수기 장부를 쓰면 매출 관리를 할 때 적당한 긴장감이 생긴다.

로따로 구매해서 할인을 받는다. 도그샵은 사료 매출이 어느 정도 유지되고 있지만 용품 매출은 낮은 편이다. 애견용품은 대형 마트와 인터넷을 통해 저가로 구매하는 이들이 많고, 간식 또한 중국산이 선호되기 때문에 로드숍에서 용품과 간식을 팔기란 쉽지 않은 일. 이현주 사장은 낮은 매출을 애견 분양으로 만회하는 편이다. 매달 한두 마리씩 분양하는데, 개를 데려온 원가의 두 배로 마진을 붙여서 분양한다. 하지만 분양은 관리가 까다롭고 손이 많이 가기 때문에 한 달에 두 마리 이상은 하지 않는다고.

STEP 3. 내가 겪은 시행착오

이현주 사장은 펫숍을 창업하기 전 인터넷 쇼핑몰로 애완용품을 판매한 적이 있다. 인터넷 수입에 의존하는 경쟁 업체들과 달리 중국에서 사료를 직접 수입해서 판매하는 식이었다. 하지만 매출이 예상만큼 오르지 않아 1년 만에 사업을 정리했다. 그때 시장조사를 했던 경험이 펫숍 창업에 많은 도움이 됐다고 한다. '모든 창업은 개업 이후 3개월 동안 적자를 본다'는 게 이현주 사장의 논리다. 그는 개업 첫 달부터 적자를 면해 안심하고 영업했지만, 호텔 서비스를 맡긴 개가 밤새 짖는 일이

매장에서 판매되는 아기자기한 애견 의류.

있고 난 이후부터 호텔 서비스를 받으려는 손님이 뚝 끊겨 수입이 반 토막 났다. 하지만 돌이켜 보면 이러한 시행착오를 겪었기에 도그샵을 순조롭게 운영해나갈 수 있었다.

STEP 4. 홍보·마케팅 비법

펫숍은 전단 배포 효과를 무시할 수 없다. 특히 아파트 단지를 근처에 두고 있는 펫숍이라면 전단 홍보는 필수다. 이현주 사장은 5만 원을 투자해 전단을 한 번 돌리면 최소한 고객 한 사람은 찾아온다고 했다. 그 고객이 1년 동안 미용 서비스를 맡기면 광고비를 회수하고도 남는 셈이다.

기존 고객을 붙들어두기 위해서 정기적으로 할인 서비스를 제공하는 것도 중요하다. 도그샵은 개업 이후 3개월 동안 20퍼센트 할인을 했고, 요즘도 미용 서비스를 맡긴 고객들에게 스파 서비스를 무료로 해주고 있다. 이현주 사장은 다른 장사와 마찬가지로 펫숍 역시 마음을 다하면 성공한다고 믿는다. 고객 서비스 역시 이러한 마음가짐에서 나온다. 예를 들어 주인이 아닌 다른 사람을 물거나 갑자기 기절하는 개는 웬만한 펫숍에서는 맡으려 하지 않는다. 하지만 도그샵은 미용 서비스를 받는 개에게 제한을 두지 않는다. 누군가는 그 개를 맡아야 하고, 애견 미용사라면 어떤 개든지 돌봐줄 수 있어야 한다는 게 이현주 사장의 영업 방침이다.

매장 안에 있는 개들은 번갈아가며 산책시킨다.

　　고객 한 사람, 한 사람에게 최선을 다하지만 일부러 과하게 친한 척은 하지 않는다. 고객보다는 고객이 맡긴 개가 더 중요하다. 고객은 자신의 개에게 관심을 기울여줄 때 더 고마워한다. 고객과 지나치게 가까워지면 미용사로서 충고해야 할 부분도 간과하기 쉽다. 예를 들어서 주인이 개를 잘못 관리하고 있을 때 미용사가 올바른 방법을 알려주어야 하는데, 상대방이 기분 나쁠 수 있다는 이유로 말을 꺼리게 된다.

　　이현주 사장은 평소 할 말은 하는 성격이어서 고객들에게 쓴소리도 자주 한다. 친한 가족처럼 애정을 듬뿍 갖고 개를 챙겨주어서인지, 멀리에서도 기어이 도그샵을 찾아오는 고객들이 많다. 주로 50대 고객이 많고, 이들은 개를 자식보다 더 귀하게 생각한다.

　　주인이 아닌 사람을 싫어하는 개도 있고 낯선 장소에 가면 스트레스를 많이 받는 개도 있는 등 애견들은 저마다 성향이 다양하다. 그런데 그중 순한 성격의 개만 골라서 미용을 맡겠다는 것은 영업을 안 하겠다는 것과 마찬가지다. 이현주 사장은 개의 컨디션을 파악하고 컨디션이 좋지 않은 개는 간식을 주거나 스파 서비스를 해주면서 긴장을 풀어주기 위해 노력한다. 개를 관리하는 동안 미용사는 어쩔 수 없이 스트레스를 받지만, 주인이 돌아와 안정을 되찾은 개를 데려갈 때 만족해하는 모습을 보면 큰 보람을 느낀다.

Points!

어떤 성격의 개라도 내가 키우는 개처럼 정성스럽게 관리해준다.

투자비용을 낮게 책정한 만큼, 욕심을 부릴 수 없어 견적이 높은 항목들을 하나둘씩 빼다 보니 결과적으로는 너무 단조로운 인테리어가 되었다. 또한 인테리어에만 신경 쓴 나머지 벽이 방음이 제대로 되지 않는 점을 간과해 입주 세대와 갈등이 생기기도 했다. 이현주 사장은 인테리어를 시공할 때 매장 안쪽만 신경 쓸 게 아니라 방음이나 전기 배선 등 주변 환경과의 조화도 고려해야 한다고 조언한다.

나만의 필살기

숍인숍 매장에서 일할 때부터 가위 커트만 고집했다. 손이 많이 가지만 기계를 사용하는 것보다 세련된 스타일을 만들 수 있다. 요즘 펫숍에서는 가위 커트를 하는 곳이 별로 없어서 멀리서도 찾아오는 고객이 있다. 교배를 많이 할 때는 매출이 잘 나오는 편. 교배는 미용과 달리 개의 몸을 자세히 알지 못하면 쉽게 도전할 수 없는 분야다.

이현주 사장은 블로그를 통해 교배 과정을 홍보하는 식으로 고객을 이끈다. 도그숍에서 교배시키는 고객은 그와 인연을 맺은 단골이 대부분이다. 다른 펫숍보다 절반 이상 저렴한 비용으로 교배하므로 소개를 받고 신청하는 고객도 있다. 이현주 사장은 동물과 사람을 마음으로 이해할 줄 아는 공감 능력을 바탕으로 펫숍을 운영한다. 다양한 업종에서 일해본 경험이 다른 사람의 기질과 감정을 순간적으로 파악하는 능력을 키워줬다고 한다.

펫숍 창업에서 가장 중요한 점은?

펫숍 사장은 보육교사나 마찬가지다. 개를 자식처럼 생각하는 고객이 많으므로 사무적인 태도로 애완견을 미용하면 고객이 좋아하지 않는다. 애견 미용사가 개를 때렸다는 뉴스가 언론에 보도되면서 애견 미용사의 손놀림도 예민해졌다. 사소한 손짓 하나도 개를 함부로 다루는 것처럼 보여서는 안 된다. 고객을 편안하게 해주되 부담을 주지 마라. 펫숍은 다른 영업직과 달리 판매가 목적인 사업이 아니다. 고객에게 용품 구매나 서비스를 일방적으로 권하는 것보다 개를 키우는 주인 처지에 공감하는 능력이 필요하다.

이런 사람이 창업하라

국민소득이 높아질수록 애견 문화가 발달하고 성숙해진다. 한국 또한 점차 애견 문화가 발달하고 있어 앞으로 애견숍 창업은 더욱 늘어날 것이다. 개를 좋아하고 체력까지 뒷받침되는 사람이라면 창업에 도전해봐도 좋다. 펫숍을 열면 가만히 앉아서 개를 돌보기만 할 것 같지만 생각보다 몸을 많이 써야 한다. 체력 관리를 잘하는 사람이 영업도 잘할 수 있다.

월 매출액: 600만 원
임대료: 55만 6000원
매입비: 100만 원
인건비: 없음
잡비: 35만 원
월 순수익: 300~400만 원

도 치 아
고슴도치
분양
고슴도치
분양
나만의 주얼리 만드는곳
J·K헤어
GRENADIER

Dochiya

고슴도치 전문점 | 서울 관악구 도치야

취미를 직업으로 바꾼 사장님

- **이름** 도치야
- **위치** 서울 관악구 봉천동
- **개업** 2009년 11월 20일
- **보증금** 2000만 원
- **규모** 25평
- **서비스 요금** 은신처 8000원~3만 원대, 사료 4000원~1만 원대

'도치야'는 고슴도치를 분양하고 사육용품을 전문적으로 판매하는 쇼핑몰이다. 도치야가 타 고슴도치 쇼핑몰과 차별화되는 이유는 고슴도치의 놀이터인 은신처 때문. 김상희 사장이 직접 만들어내는 은신처는 종류만도 수백 가지이다. 계절마다 다양한 소재와 디자인을 반영해 만든 은신처는 마진율과 판매량이 모두 높아서 도치야 매출에 중요한 부분을 차지한다.

햄스터를 키웠던 이들은 언제부터인가 고슴도치 사육으로 눈을 돌리기 시작했다. 고슴도치를 좋아하는 어린아이들에 더해 20~30대 직장인 마니아까지 가세하는 추세다. 고슴도치 동호회 회원도 점차 늘어나 지금은 고슴도치 마니아가 약 3만 명을 넘어섰다.

김상희 사장 또한 도치야를 창업하기 전까지만 해도 평범한 고슴도치 마니아였다. 생물의 약물치료 후 반응을 연구하는 연구원으로 일했던 그는 반복되는 동물 실험이 싫어서 퇴직한 뒤 애완동물로 고슴도치를 키우면서 그 매력에 빠졌다. 김상희 사장 또한 여느 고슴도치 마니아들처럼 고슴도치 소품을 만드는 게 취미였는데, 고슴도치 모자를 만들어 동호회 회원에게 선물한 게 호응을 얻으면서 온라인 카페에서 고슴도치 용품을 팔기 시작했다.

취미 삼아 시작한 일이 쇼핑몰 개설로 이어졌고, 집에서 틈틈이 고슴도치 은신처를 만들어 판매하면서 사업을 확장했다. 당시만 해도 고슴도치 관련 쇼핑몰이 많지 않았고, 은신처나 모자를 판매하는 곳도 없었다. 그는 집에서 혼자 재봉틀로 은신처를 만들었고, 카페 회원들과 함께 공동으로 소품을 제작하면서 도치야를 키워나갔다.

처음엔 무모하리만큼 겁 없이 개업했지만 이제

도치야 쇼핑몰 내부.

고슴도치 마니아인 사장이 매장에서
직접 고슴도치를 키운다.

Shop

우리 가게 장비 구입 비용은?
가벽 및 문 설치, 수도공사,
진열장 구매, 도배비 등: 1500만 원
에어컨 두 대: 300만 원
총 1800만 원

도치야는 고슴도치 마니아들 사이에서 잘 알려진 고슴도치 전문 쇼핑몰로 성장했다. 고슴도치 분양은 물론 사료, 톱밥, 용품 등 100여 개 품목을 판매하고 있으며 호텔 서비스까지 제공하고 있다.

STEP 1. 매장 콘셉트 정하기

김상희 사장은 처음에는 온라인 쇼핑몰만 운영했다가 점포가 필요해 25평 규모의 매장을 얻었다. 재개발이 예정된 건물이라서 권리금은 따로 주지 않았다. 도치야가 임대하기 전, 매장 공사 중이던 입주자의 계약이 파기되어 가게 인테리어를 그대로 물려받았다. 그 덕분에 상대적으로 인테리어 비용을 아낄 수 있었다. 하지만 깔끔한 인상만 주면 된다고 생각했던 매장 인테리어는 개업 이후 골칫거리가 되었다. 고슴도치 전문 매장이 아닌, 일반 사무실처럼 보이는 게 문제였다. 고슴도치 전문점은 분양에 초점이 맞춰져 있기 때문에 매장을 방문하는 고객이 많다. 인테리어 콘셉트에 따라 매출이 좌우될 수 있다. 김상희 사장은 결국 개업 6개월 만에 인테리어를 다시 했다. 그는 고슴도치 전문점은 아기자기하고 이색적인 느낌의 인테리어가 중요하다면서 인테리어에 각별히 신경 써야 한다고 조언했다.

창업 시크릿

고객에게 자세히 설명하라

고슴도치 전문점은 고슴도치를 키우는 사람뿐 아니라 고슴도치에 관심 있는 사람도 찾아온다. 관심만 있을 뿐 전문적인 지식이 없는 사람들은 고슴도치 사육 방법을 잘 모르는 경우가 많다. 고슴도치를 키우는 고객도 사료나 용품의 특성을 자세히 알려줘야만 구매 욕구가 생긴다. 사료는 각 브랜드만의 고유한 특징을 중심으로 설명한다. 또한 계절별로 고슴도치에게 필요한 용품이 무엇인지 등도 설명한다. 인터넷으로 상품을 구매하는 고객들은 매장에 직접 올 수 없는 만큼, 전화 상담으로도 이해하기 쉽도록 자세히 알려준다.

점포 임대료를 제외하면 창업 초기 비용이 많이 들지는 않았다. 쇼핑몰은 무료로 개설했고 매장에서 판매할 상품의 초도 물량 역시 구매비로 400만 원밖에 들지 않았다. 고슴도치 쇼핑몰은 사료와 집, 톱밥만 있으면 영업을 시작하는 데 큰 무리가 없다.

김상희 사장은 기본 물품을 갖춘 뒤 은신처를 주력 상품으로 삼아 영업했고 시간이 흐른 뒤에 고슴도치 분양을 병행했다. 고슴도치는 크기에 따라 단가가 다른데 보통 한 마리에 3~8만 원으로 판매한다. 도치야는 고슴도치를 직접 키워서 분양하기 때문에 대형 마트에서 판매하는 금액보다 저렴한 편이다. 국내산 사료 또한 대형 마트보다 세 배 이상 저렴한 가격에 판매한다. 탄탄한 거래망을 확보한 덕분에 매입 단가를 낮출 수 있었다.

도치야는 한 달에 적게는 40마리, 많게는 100마리까지 분양하고 있다. 주력 품목인 은신처는 주문량이 일정하지 않지만 보통 하루에 네댓 개씩 판매된다. 은신처 단가는 8000원부터 3만 원대까지 다양하다. 로드숍과 쇼핑몰 매출을 비교해보면 주중에는 쇼핑몰이 전체 매출의 90퍼센트를 차지하고 주말에는 그 반대다. 도치야는 고슴도치 호텔도 운영하고 있는데 숙박비는 하루 5000원이며 예약제로만 고객을 받는다.

매출이 높은 만큼 순이익도 클 것 같지만 재고량이 많은 게

고슴도치를 직접
키워서 분양하기
때문에 분양비가
좀 더 저렴하다.

고객들에게 고슴도치 사육법에 관해 친절하게 상담해준다.

문제다. 연 매출이 2억을 넘지만 번 돈 대부분을 가게에 투자하기 때문에 재고가 곧 재산이다. 품목별로는 은신처가 전체 매출의 40퍼센트, 사료가 20퍼센트, 집이 20퍼센트를 차지하고 나머지는 톱밥과 샴푸 용품 등의 매출이다.

STEP 3. 내가 겪은 시행착오

김상희 사장은 창업 초기 은신처와 용품 매출이 많아 쇼핑몰이 꾸준히 잘될 줄로만 알았다. 고슴도치를 사려는 사람은 많고 판매자는 없으니 당연한 생각이다. 문제는 용품이나 사료 등을 꾸준히 공급해줄 거래처가 없다는 것이었다. 거래처를 만들어 나가는 과정에서 도치야는 많은 시행착오를 거쳤다. 김상희 사장은 애완용품 뒷면에 적힌 대리점 연락처를 보고 무작정 전화를 걸었다. 고슴도치 전용 상품이 나오기 전의 일이다. 통화한 다음에는 일단 찾아가 패드와 기타 용품을 공급해줄 거래처를 소개받았다.

처음부터 좋은 거래처를 확보하기는 어려우므로 먼저 찾아가 고개를 숙이는 게 답이다. 대리점 기사와 함께 차를 타고 다니며 여러 번 일을 거들기도 했다. 처음에는 김상희 사장을 얕보던 대리점 사장들도 그가 고슴도치 사업에 진정성을 갖고 있

비수기에는 공부하라

고슴도치 분양 사업에도 비수기는 있다. 고슴도치는 추위에 약해서 겨울이 되면 거의 활동하지 않는다. 이는 매출에도 영향을 준다. 비수기에는 평소 연락하지 못했던 회원들에게 전화로 안부를 묻는다. 고슴도치 관리 방법에 대해 집중적으로 연구하는 것도 이 시기다. 새로운 은신처를 기획해보거나 외국 고슴도치 용품을 분석하기도 한다. 파리를 쫓는 시나몬 스프레이를 매장에서 팔 생각을 한 것도 비수기 때 얻은 아이디어다.

다는 걸 알고 거래처를 소개해줬다. 그렇게 알음 알음으로 사료와 패드 공급 업체를 알게 됐다. 도치야는 쇼핑몰에 공급되는 상품과 똑같은 상품을 매입함으로써 가격 경쟁력을 갖출 수 있었다.

STEP 4. 홍보·마케팅 비법

쇼핑몰 매출이 늘면 광고업체에서 전화가 걸려온다. 카페 홍보만으로는 매출에 한계를 느끼고 있던 김상희 사장 역시 광고의 필요성을 느꼈다. 처음에는 전단을 돌리고 네이버에서 키워드 광고를 했다. 지금도 매달 키워드 광고에 100만 원씩 투자한다. 효과를 따지기보다는 다른 쇼핑몰과의 경쟁에서 밀리지 않고 기존의 매출을 방어하기 위해서다.

온라인 카페를 통해서는 회원들과 매년 체육대회를 개최한다. 카페 회원들이 블로그에 올린 후기를 보고 찾아오는 신규 고객이 많으므로 카페 홍보도 꾸준히 해야 한다. 지역 내 마을버스에도 광고한다. 60만 원을 내면 3개월 동안 버스 내부에 광고판을 부착할 수 있다. 가끔 다른 고슴도치 용품점에서 쇼핑몰을 합치자는 제안을 하기도 하지만, 은신처를 자체 제작하는 쇼핑몰의 정체성을 잃지 않기 위해 거절한다고.

고슴도치 분양이라는 이색 아이템으로 사업하고 있어 강연 요청이 들어오기도 한다. 김상희 사장은 고슴도치 체험 강의

Points!

고습도치에게 필요한 제품을 직접 개발하기도 한다.

제안이 들어오면 대부분 수락하는 편이다. 쇼핑몰 홍보에도 도움이 되고 잠재고객을 더 많이 확보할 수 있기 때문이다.

STEP 5. 나만의 고객 관리법

도치야의 주요 고객은 초등학생과 40대 주부들이다. 초등학생 자녀를 둔 주부들은 분양 전에 고슴도치가 어떻게 자랐는지 궁금해하므로, 고슴도치가 자란 환경을 충분히 설명해주어야 한다. 처음으로 고슴도치를 분양받은 고객에게는 1년 동안 고슴도치 사육 방법과 관련 정보를 공유할 필요가 있다.

고슴도치는 주먹만 한 크기에서 한 달 사이에 두 배 이상 커지기 때문에 사육에 부담을 느끼는 고객이 많다. 김상희 사장은 고슴도치가 온순하고 야행성이라서 키우기 쉽다는 점을 강조한다. 한편으로는 고객이 분양받은 고슴도치를 버리지 않겠다는 내용의 분양확인서를 작성한 뒤에야 고슴도치를 분양한다. 고슴도치 역시 개나 고양이 같은 반려동물이라는 점을 고객에게 강조함으로써 생명의 소중함을 일깨우려는 의도이다. 고객들은 분양확인서 발급을 통해 고슴도치에 대한 책임감과 생명의 소중함을 다시 한번 자각한다.

고슴도치를 처음으로
키우는 고객에게는
1년 동안 고슴도치
사육과 관련된
정보를 공유한다.

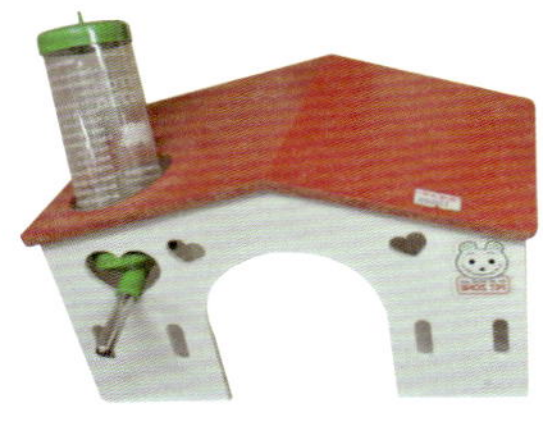

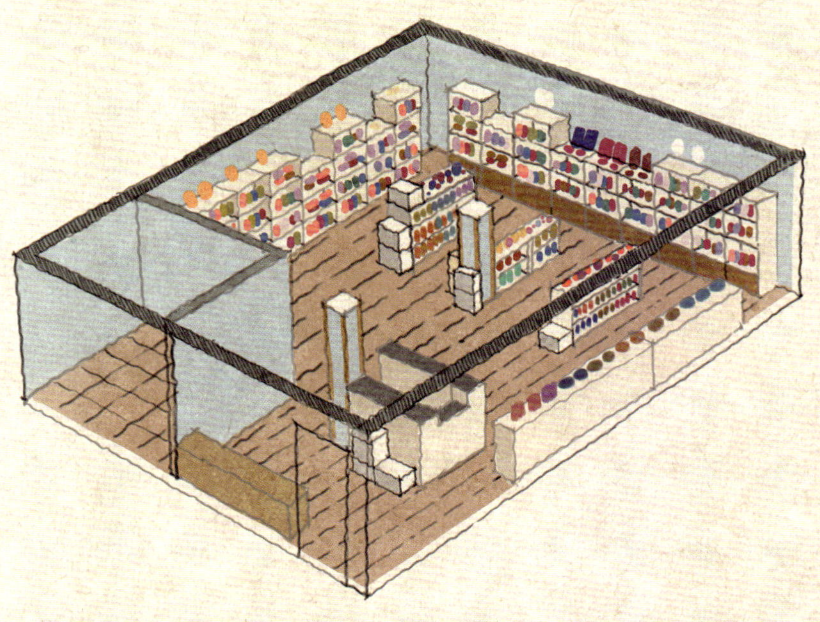

고슴도치 전문숍은 분양에 초점이 맞춰져 있기 때문에 매장을 방문하는 고객이 많다. 따라서 인테리어 콘셉트에 따라 매출이 좌우될 수 있다. 김상희 사장은 개업 초기 인테리어가 일반 사무실처럼 보여 결국 개업 6개월 만에 인테리어를 다시 했다. 이후에도 총 세 번에 걸쳐 인테리어를 보강했다. 그는 고슴도치 전문점은 아기자기하고 이색적인 느낌의 인테리어가 중요하다면서 인테리어에 각별히 신경 써야 한다고 조언한다.

나만의 필살기

고슴도치 쇼핑몰은 동물을 좋아하는 마음으로 운영해야 한다. 돈을 벌겠다는 마음보다 햄스터나 토끼 같은 애완동물을 키우는 사람들의 마음을 이해하려고 노력한다. 김상희 사장은 물품을 구매한 고객이 아니더라도 새끼를 낳았다고 기뻐하며 전화해주는 고객이 반갑다. 한번 인연을 맺은 고객은 모바일 메신저로 매일 대화할 만큼 친근한 관계를 유지한다.

고슴도치를 키워보지 않은 사람은 쇼핑몰을 창업해서는 안 된다. 쇼핑몰을 만들지 않고 로드숍만 개업하는 것도 안 된다. 고슴도치에 대해 수의사만큼 자세히 알고, 돌봐줄 수 있는 사람이 적합하다. 또한 현재 쇼핑몰 시장이 포화 상태이기 때문에 자신만의 경쟁력 있는 아이템을 갖춰야 한다. 예를 들면 수제 간식 전문 쇼핑몰이나 은신처 전문 쇼핑몰 같은 특화된 한 분야를 개척하는 것이다.

펫숍 창업에서 가장 중요한 점은?

쇼핑몰은 평일 업무가 많다. 용품을 아무리 많이 팔아도 생물 분양을 하지 않으면 수익이 나지 않는다. 고슴도치를 분양할 때 사료와 톱밥, 집을 함께 구매하도록 유도하는 게 좋다. 고슴도치를 분양받은 뒤에도 용품 수요는 꾸준히 생기게 마련이다. 최근에는 고슴도치 사이트에서 교배를 시도하는 곳도 많다. 고슴도치를 잘 알고 있다면 믿을 만한 교배 사이트로 마케팅하는 것도 한 가지 방법이다.

이런 사람이 창업하라

고슴도치는 추위에 약해 겨울에 쉽게 죽기도 한다. 고슴도치 키우기가 어려워서 분양하지 않는 곳도 있다. 톱밥을 바꿔주고, 사료를 챙겨주고, 목욕을 시켜주는 일상적인 일들이 고슴도치 사육 환경에 큰 영향을 준다. 고슴도치를 잘 알아서 발톱을 깎아주는 등 몸 구석구석을 만질 줄 아는 사람이라면 창업에 유리하다. 또 쇼핑몰을 운영하려면 동물판매사 자격증을 취득하는 게 좋다.

월 매출액: 1800~2000만 원
임대료: 70만 원
매입비: 1000만 원
인건비: 400만 원(직원 1명, 아르바이트 3명)
잡비: 120만 원
월 순수익: 200~300만 원

5000만 원으로 잘나가는 펫샵 창업하기

바비펫샵
Barbie pet shop
T. 031-979-9798
바비펫샵
Barbie pet shop
미용/용품   목욕/스파   분양/호텔
바비펫샵
Barbie pet shop
OPEN & CLOSE
10:00 - 21:00

03

Barbie pet shop

애견 미용실 | 경기 고양시 바비펫숍

개를 반려동물로 품어주는 사랑방

- ○ **이름** 바비펫숍
- ○ **위치** 경기 고양시 행신동
- ○ **개업** 2013년 5월 1일
- ○ **보증금** 3000만 원
- ○ **권리금** 1850만 원
- ○ **규모** 12평
- ○ **서비스 요금** 소형견 3만 원, 중형견 3만 5000원, 섬머컷 4만 원

바비펫숍은 애견 미용, 애견 호텔을 주력으로 애견용품까지 판매하는 멀티 펫숍이다. 개업한 지 얼마 되지 않았지만 초보 창업자 티가 나지 않는 고다은 사장은 꼼꼼한 미용과 스파 서비스로 단골을 만들어냈다. 신도시에 있는 가게답게 세련된 인테리어를 갖추고 고급 용품을 판매하는 프리미엄 펫숍으로 홍보해 인지도를 높인다.

바비펫숍이 개업한 자리는 원래 고깃국수집이 3개월 만에 문을 닫고 나갔던 곳이다. 고다은 사장은 도로변에서 잘 보이지 않는 모퉁이에 있지만 매장이 넓고 주변에 아파트 단지가 많은 이 점포를 계약했다.

고다은 사장은 창업 전 서울 화곡동에 있는 애견숍에서 직원으로 일했던 적이 있다. 그는 웹디자이너로 10년 동안 일한 끝에 새로운 직업을 찾기 위해 평소 관심 있던 애견 미용을 배웠고, 1년 동안 자격증 공부를 해 애견 미용사가 되었다. 경력을 충분히 쌓은 뒤 개업해야겠다는 생각으로 애견숍 직원이 되었지만, 2평 남짓한 열악한 공간에서 개를 목욕시키는 일은 만만치 않았다. 개를 씻기는 일을 마치 공장일처럼 종일 반복하다 보면 미용사도, 개도 지쳐서 제대로 된 서비스가 이뤄질 수 없었다. 돈을 벌겠다는 목적보다 좋아하는 일을 직업으로 삼고 싶었기에 그는 과감히 퇴직하고 창업을 결심했다.

화곡동 매장에서 직원으로 일했던 경험은 그에게 약이 되었다. 목 좋은 자리에서 용품 판매와 미용 서비스로 하루 80만 원 이상 매출을 올리는 비결을 배운 것. 그 역시 점포를 얻을 때 입지 선정에 꽤 많은 공을 들였다. 고다은 사장은 고양시 원당부터 은평구, 마포구 일대를 돌아다니며 꼼꼼히 시장조사를 했다. 입지가 좋은 곳이라도 펫숍이 밀집된 곳은 피

아기자기한 인테리어가 돋보이는 바비펫숍의 내부.

Points!

고객의 편의를 위해 커피머신을 구입했다.

Shop

barbie pet shop
Barbie pet shop
우리 가게 장비 구입 비용은?
드라이 기계: 35만 원
드라이룸: 200만 원
스파 기계: 200만 원
클리퍼: 100만 원
기타 비용 포함 총 2000만 원

했다.

그러던 중 지인의 소개로 행신동을 알게
되었고, 대단지 아파트가 밀집된 상가에서
바비펫숍을 열기로 했다. 펫숍과 동물병원
이 각각 한 곳밖에 없다는 점, 도로변에 쉽
게 주차할 수 있다는 점을 보고 점포를 택했
다. 가까운 거리에 공원이 있고 개와 산책하
는 유동인구가 많다는 것도 청신호였다. 상
권을 따졌을 때 다른 애견숍이 입점하기 쉽지 않고, 제대로만
운영한다면 주변 상권을 장악할 수 있겠다는 확신도 있었다.

아직 개업 초기라 생각만큼 매출이 높지는 않지만, 첫 달부
터 적자 없이 꾸준한 매출을 올리고 있다. 미용사에게 사랑받
은 개들이 어떻게 달라질 수 있는지 고객에게 보여주는 게 목
표다. 반복적으로 단순 관리만 해주는 펫숍이 아니라, 개와 교
감하며 개에게 활력을 북돋아 줄 수 있는 펫숍으로 만들어가
고 있다.

펫숍 매출의 시작은 미용이다
미용을 잘해야 고객이 호텔도 이용
하고 용품도 사간다. 입지가 불리한
가게일수록 미용에 각별히 신경 써
야 한다. 고객이 끊임없이 찾아오는
가게를 만들기 위해서는 소형견을
맡기는 고객에게도 최선을 다하는
마음이 중요하다.

STEP 1. 매장 콘셉트 정하기

고다은 사장은 아직 애견숍을 부담스러워하는 고객이 더 많
다고 판단했다. 인테리어를 지나치게 세련되거나 고급스럽게
꾸미면 오히려 역효과가 날 수 있다는 얘기다. 바비펫숍은 아
기자기하고 재미있는 공간, 색깔이 다양한 옷과 액세서리를 구

경하는 재미가 있는 공간으로 꾸몄다. 바비펫숍에서만 느낄 수 있는 고유한 분위기를 조성하기 위해 인테리어에 신경을 많이 썼다.

예전에는 음식점이었던 이 매장은 본래의 높은 천장을 그대로 살렸다. 그 덕분에 실 평수는 12평이지만 훨씬 넓어 보인다. 2층에 4평 규모의 다락방을 만들어 미용사들이 편하게 쉴 수 있는 휴식처로 꾸몄다. 가게 내부는 홀과 미용 공간, 휴게실로 독립돼 있다. 에어컨은 공간별로 각각 따로 설치했는데 배관이 유독 길어서 설치비가 많이 나왔다고 귀띔했다.

STEP 2. 상품 및 매출 관리법

바비펫숍은 애견 미용 서비스가 주력이지만 매장 내부가 다채롭게 보이도록 애견 의류나 용품 등 많은 상품을 들여놨다. 의류는 남대문에서 도매로 구매했는데 사이즈별로 구색을 갖춰야 해 100벌을 매입했다. 의류를 고를 때는 세탁으로 늘어날 것 같은 소재는 처음부터 제외하고, 바느질 하나까지 꼼꼼하게 따지는 편이다. 평균 단가가 3만 원대인 옷은 마진율이 40퍼센트 정도로 높은 편이지만 매출에서 차지하는 비중은 크지 않다.

사료는 온라인에서 파는 중국산 사료 대신 고기 질이 좋은 국산 사료만 쓴다. 믿을 만한 사료 브랜드에서 도매로 매입하며 무게가 5~8킬로그램인

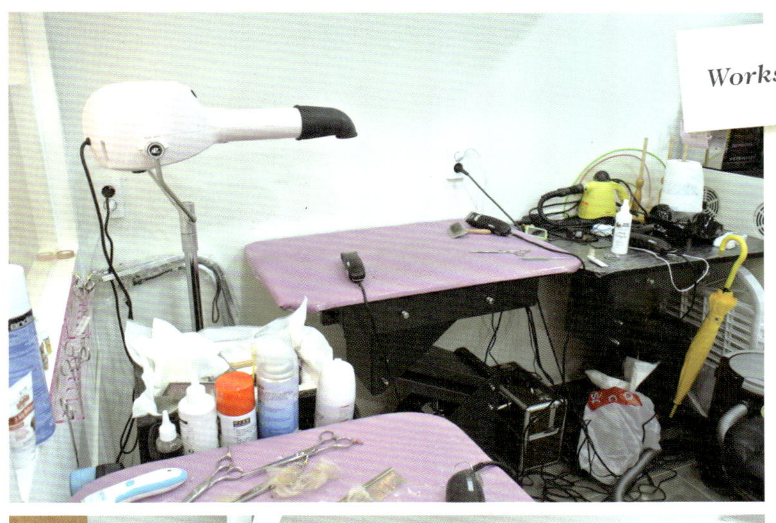

애견 미용을 할 때는 어린 아기를 다루듯 조심해야 한다.

사료가 3~5만 원대로 구성돼 있다. 일반 대형 마트에서 구매할 수 없는 브랜드 사료 제품은 고객들이 비싸다는 반응을 보이지만 품질을 우선으로 내세워 판매한다고. 사료 매출은 하루에 적게는 7~8만 원에서 많게는 30만 원까지 나올 때도 있다. 미용 서비스 매출은 하루 여섯 마리를 받았을 때 평균적으로 18만 원, 용품 매출은 하루 12만 원 정도다.

STEP 3. 홍보·마케팅 비법

바비펫숍은 개업 당시 홍보에 적극적이지 않았다. 고다은 사장이 아직도 후회하는 부분이다. 점포 계약을 하고 개업 날짜가 정해지면, 일주일 전부터 주변 지역에 전단 배포 광고를 해야 하는데 고다은 사장은 그러지 못했다. 그래서 소위 말하는 '오픈발'을 보지 못했다. 대신 가게를 열기 전부터 블로그를 개설해 인터넷상에서 꾸준히 홍보했고, '행신동 애견숍'을 검색했을 때 바비펫숍 블로그가 곧바로 노출될 수 있도록 지역 업체로 등록했다.

제대로 홍보하기 시작한 때는 개업 이후 1개월이 지난 뒤부터다. 전단 배포와 함께 아파트 게시판에도 광고지를 뿌리자 효과가 바로 나타났다. 고객이 찾아오면 최선을 다해 서비스

독특한 디자인으로 만
들어진 개집을 판다.

하고 입소문 홍보를 부탁하는 편. 그렇게 소개를 통해 가게를 찾아온 고객들이 단골이 되었다. 매장 내에 별도의 포토존을 만들어, 포토존에서 사진을 찍어 블로그에 올리는 고객에게는 할인 혜택도 준다. 직원에게는 하루에 여덟 마리 이상 미용 서비스를 하면 주5일 근무를 약속하는 식으로 근무 동기를 유발하고 있다.

STEP 4. 홍보·마케팅 비법

바비펫숍은 별도의 고객 관리 프로그램을 쓴다. 고객 신상 정보는 물론 개가 미용 서비스를 받을 때 어떤 샴푸와 향수를 썼는지, 스파 프로그램은 무엇이었는지 자세히 적어놓는다. 고객에게는 상처 부위에 연고를 발라줬다는 사소한 점부터 미용 서비스를 받은 날에 주의할 사항까지 가능한 한 상세히 알려준다. 예를 들어 털이 긴 개는 미용 후 털이 잘리고 나면 심리적으로 불안해져서 안 하던 행동을 할 수 있다. 그럴 때 고객이 펫숍에 전화를 걸어와서 이상 증세를 물어보면, 고다은 사장은 흔히 있을 수 있는 일이라고 주인의 마음을 안심시켜준 뒤에 어떻게 대처해야 할지도 알려준다. 주인도 미처 몰랐던 개의 컨디션을 확인해서 알려주기도 해서 고객 만족도가 높은 편이다.

고객 서비스 측면에서는 개를 사람처럼 다뤄주는 게 중요하

질 좋은 고급 사료를 판매함으로써 매장 이미지를 관리한다.

**매출에 따라
직원에게 인센티브를
제공하기도 한다.**

다. 호텔 서비스를 맡기는 개를 철창에 가두지 않고 풀어놓는 것도 그 때문이다. 바비펫숍에 맡긴 개는 매일 산책을 하고 가게 내부를 마음대로 돌아다닐 수 있다. 고다은 사장뿐 아니라 직원 역시 개와 대화를 자주 나누는 등 소통에 적극적이다. 가끔 나이 든 고객이 상품값이 너무 비싸다고 트집을 잡을 때도 있는데, 이에 당황하지 않고 웃으면서 대처하는 것도 요령이다. 저렴한 물건은 할인마트에 가서 구매할 수도 있지만, 할인마트 제품과 펫숍에서 판매하는 제품의 질이 다르다는 점을 자세히 설명해주고, 더 좋은 상품을 저렴하게 판매한다는 점을 주지시킨다.

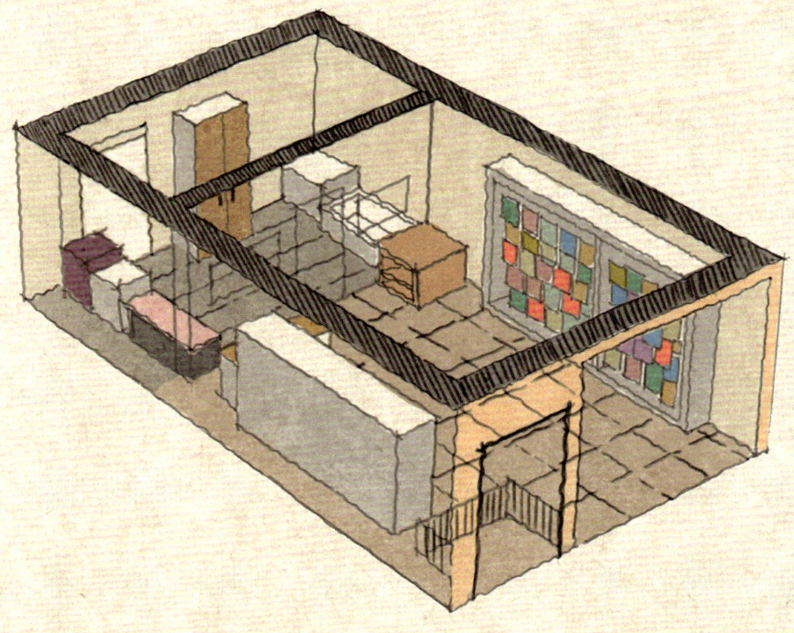

바비펫숍에서만 느낄 수 있는 고유한 분위기를 조성하기 위해 인테리어에 신경을 많이 썼다. 예전에는 음식점이었던 이 매장은 본래의 높은 천장을 그대로 살렸다. 그 덕분에 실 평수는 12평이지만 훨씬 넓어 보인다. 2층에 4평 규모의 다락방을 만들어 미용사들이 편하게 쉴 수 있는 휴식처로 꾸몄다. 가게 내부는 홀과 미용 공간, 휴게실로 구분돼 있다.

나만의 필살기

고다은 사장은 펫숍 근무 경력이 적지만 창업 성공을 자신했다. 개를 사랑하는 마음과 펫숍의 운영 방식만 잘 이해하면 창업에 아무런 문제가 없다고 판단했다. 경력 직원을 채용해서 미용 서비스 수준을 높였고, 고객 서비스와 미용 서비스를 분리했다. 고다은 사장은 혼자서 펫숍을 창업하는 건 불가능하다고 생각한다. 개를 목욕시킬 때 다른 고객이 온다면 어떻게 할 것인가? 애써 찾아온 고객을 제대로 응대하지 못하면 펫숍의 이미지가 나빠진다.

바비펫숍에서는 중국산 저가 사료와 간식을 취급하지 않는다. 비싸더라도 이름 있는 사료회사에서 만든 고급 간식을 들여왔다. 주인은 자신의 개가 저가 간식과 고가 간식을 구분하지 못한다고 생각하지만 그렇지 않다. 고다은 사장은 개들에게 간식을 먹여 반응을 관찰한 결과, 질 좋은 수제 간식을 더 좋아한다는 걸 발견했다. 그는 자신이 키우는 개에게 먹이는 수제 간식을 고객들에게도 권한다. 고객은 대체로 그의 의견을 수긍하고 받아들이는 편이다.

미용 서비스를 맡기면 무료 스파 서비스를 해주는 것도 바비펫숍의 경쟁력 중 하나이다. 개에게 입욕마사지를 해주면 경직되었던 근육이 풀리고 컨디션도 좋아진다. 피부가 좋지 않은 개는 아로마테라피 마사지로 각질을 벗겨주기도 한다.

펫숍 창업에서 가장 중요한 점은?

사장이 개를 다루는 기술이 뛰어나다고 해서 그 가게가 잘되는 건 아니다. 기술만 내세우고 고객과 소통하지 않으면 어느 가게도 오래가지 못한다. 고다은 사장은 애견 주인들의 비위를 맞춰주는 일이 중요하다고 했다. 사소한 말 한마디에서도 주인이나 개에게 책임을 돌리는 뉘앙스가 느껴져서는 안 된다. 애견 미용을 할 때는 개만 신경 쓰면 되지만, 펫숍 사장은 고객 응대나 직원 관리 등 다방면을 신경 써야 한다.

매장 직원을 우대하는 것도 잊지 말아야 한다. 직원이 행복해야 제대로 된 미용 서비스가 이뤄진다. 직원이 편하게 일할 수 있는 공간을 만들어줘야 한다. 휴식 시간을 보장하고 매장에 커피 기계를 들여놓은 것도 직원을 우대하기 위한 노력 중 하나다.

무엇보다 개를 사랑하는 점주의 마음이 가장 중요하다. 품 안에 안고 있던 개를 실수로 떨어뜨리면 그 개는 죽음에 이를 수도 있다. 특히 태어난 지 얼마 안 된 개는 사소한 충격에도 뇌진탕으로 사망할 만큼 연약한 존재다. 따라서 어떤 경우에도 개를 갓난아기 다루듯 소중히 다뤄야 한다. 고객 대부분이 자신이 키우는 개를 아기처럼 다룬다. 미용 서비스를 맡긴 뒤 개에게 상처가 나면 곧바로 펫숍에 항의하는 게 주인들이다. 펫숍을 운영하다 보면 때로는 타성에 젖을 수 있겠지만, 그때마다 초심을 잃지 않고 노력하면 고객이 끊기는 일은 없을 것이다.

이런 사람이 창업하라

개를 함부로 다루는 사람은 안 된다. 개를 들어 올릴 때 목덜미를 잡는다거나 쉽게 상처를 내는 사람은 펫숍 사장이 될 수 없다. 가게 내부를 미용 서비스 공간으로 가꿔나가는 노력이 필요하므로 남자보다는 여자가 유리한 분야다. 기술 경력은 최소 3년 이상, 미용 실력이 좋고 대인 관계가 탁월한 사람이 펫숍 창업에서 성공할 수 있다.

월 매출액: 900~1000만 원
임대료: 200만 원
매입비: 100만 원
인건비: 180만 원
잡비: 40~50만 원
월 순수익: 350~400만원

청송태권도아카데미
987-6664
[김포장기점]
987-6865
버드라이프 2F
982-0046

Birdlife

앵무새 분양 전문점 | 경기 김포시 버드라이프

펫숍 블루오션 차지하기

- **이름** 버드라이프
- **위치** 경기 김포시 장기동
- **개업** 2012년 8월 15일
- **보증금** 2000만 원
- **권리금** 없음
- **규모** 30평
- **서비스 요금** 앵무새 분양 30~100만 원대, 새장 10~20만 원대, 사료 2~5만 원대

앵무새 분양 시장은 여전히 공급보다 수요가 더 많은 블루오션이다. 뒤늦게 뛰어든 후발 주자들 역시 희귀종 번식에 애를 먹는 경우가 많아 진입 장벽도 높은 편. 버드라이프는 국내 앵무새 분양 사업에서 가장 먼저 자리를 잡고 매장에서 앵무새를 직접 번식시켜 소비자에게 판매한다. 최근에는 농장에 앵무새를 공급하는 도매 사업으로까지 확장했다.

앵무새는 1년에 대여섯 차례 새끼를 낳고 한 번에 평균 서너 마리를 낳아 번식 능력이 뛰어나다. 또 개나 고양이와 달리 사료 비용이나 병원비, 예방접종비가 많이 들지 않아서 유지비도 저렴하다. 앵무새는 새장에 가둬도 스트레스를 받지 않는다. 정해진 시간에만 돌봐주면 되므로 관리하기도 편하고 평균수명도 20년을 훌쩍 넘겨 애완동물로 기르기에 적합하다.

서기훈 사장이 앵무새에 관심을 둔 건 중학교 1학년 때부터였는데, 그때 이미 앵무새를 번식시켜서 판매할 만큼 사업 감각이 뛰어났다. 모란앵무와 뉴기니아앵무 등 희귀종을 사육했던 그는 대학생이던 스물한 살 때 학교를 휴학하고 앵무새 분양 사업을 본격적으로 시작했다. 오랫동안 앵무새를 키우면서 새끼를 낳는 시기와 방법을 알게 되었고, 자료 조사를 통해 앵무새 분양이 사업성이 있다고 판단했다.

애완동물 동호회에서 앵무새를 판매하기 시작하면서 그를 찾는 사람들도 늘기 시작했다. 그는 2009년 앵무새 애호가인 친구와 김포 풍무동에서 버드라이프를 창업했다. 이후 앵무새 전시관람 매장을 열게 된 친구와 헤어진 뒤 장기동 상가 건물 2층에 30평 규모의 매장을 열고 분양 사업을 시작했다. 버드라이프에는 약 250쌍가량의 앵무새가 있다. 서울 청계천을 비롯해 인천과 부천, 대구, 부산, 청주 등 전국에 있는 약

새장에 옹기종기 모여 있는 앵무새들.

매장 안에 부화기를 직접 마련해두고 앵무새를 번식시킨다.

우리 가게 장비 구입 비용은?
에어컨 두 대, 분양장 여섯 동,
환풍기 공사, 환기 시설,
독일제 부화기 등 설비 포함
총 2000만 원

20여 곳의 앵무새 전문점 중에 버드라이프에서 앵무새를 공급받는 가게는 다섯 군데가 넘는다.

앵무새를 자체적으로 번식시켜 분양하면 분양가가 고스란히 순이익이 된다. 게다가 농장은 면세 사업장으로 분류돼 세금 우대 혜택도 있다. 서기훈 사장은 국내에서 앵무새 공급이 분양 수요를 따라가지 못하고 있으므로 향후 5년 이상은 안정적인 매출을 올릴 수 있으리라고 기대한다.

STEP 1. 매장 콘셉트 정하기

앵무새는 특수하다. 개나 고양이는 바이러스가 전염되는 반면, 앵무새는 전염성 질병으로 집단 폐사하는 사례가 없다. 앵무새 자체의 가격은 비싸지만 사료비가 저렴해 애완동물로 키우기 좋다. 앵무새 분양 사업이 유망한 이유가 바로 이 때문이다. 농장을 창업한다면 5~7년 뒤에는 초기 자금을 회수할 수 있고 이후부터 매출 대비 수익 비중이 커진다. 면세 사업으로 농업용 전기를 쓰기 때문에 생물 관리 비용이 저렴한 것도 장점이다.

대부분 현금 거래로 이뤄지며 조류원 인맥으로 사업이 운영된다는 점도 눈여겨볼 부분이다. 다만 사업 초기에 앵무새를 키우는 과정에서 시행착오로 새를 죽일 수도 있음을 예상해야 한다. 단가가 비싼 앵무새가 죽으면 그만큼 손해이다.

STEP 2. 상품 및 매출 관리법

국내에서 앵무새를 키워 분양했을 때 수입 앵무새 분양비보다 단가가 저렴해지는 이유가 있다. 앵무새의 주요 수입국인 대만과 네덜란드에서 앵무새를 수입하려면 약 2개월간의 긴 기간이 필요하고 원하는 품종을 구하기도 어렵다. 기껏 수입해 들여온 앵무새가 변화된 환경에 적응하지 못하고 죽는 경우도 많다. 이 때문에 많은 앵무새 전문점과 동물원에서 앵무새를 구하는 데 애를 먹는다. 버드라이프는 현재 열 군데가 넘는 거래처에 매월 450마리 이상을 납품하고 있다. 분양 수요보다 번식으로 공급되는 양이 적어 아직은 앵무새 분양 시장이 블루오션이라고 볼 수 있다.

앵무새 분양 마진율은 100퍼센트다. 한 마리당 평균 분양가가 15만 원 이상으로 높아서 일단 번식에 성공하면 분양으로 꽤 많은 수익을 올릴 수 있다. 앵무새를 분양하면 사료도 함께 판매할 수 있다. 서기훈 사장은 한국보다 앵무새 분양 시장이 5년 이상 앞서 있는 대만에서 앵무새 분양 도매 사업을 하는 지인을 롤모델로 삼았다. 종류별로 앵무새 구색을 갖추는 데 가

Works

앵무새 장을 고급스러운 디자인으로 맞췄다.

진 돈 1000만 원을 모두 투자할 만큼 열정이 있었다. 매장에서 앵무새를 성공적으로 번식시키기 위해 부화기 등 번식 기계를 별도로 구매하기도 했다.

STEP 3. 내가 겪은 시행착오

서기훈 사장은 잘 팔릴 만한 새와 그렇지 않은 새를 구분하지 못하고 무턱대고 많은 새를 들였다가 애를 먹은 경험이 있다. 앵무새는 기본 품종만 하더라도 150여 종에 달하는데 이 중에는 소음이 크고 잘 죽는 새가 있다. 색이 화려한 썬코니오는 보기엔 예쁘지만 소음이 심해서 잘못 분양하면 고객이 파양 분양을 파기하는 것 할 수도 있다.

고객이 앵무새 사육에 관해 궁금한 점을 물었을 때 답변을 제대로 해주지 못해 난감했던 적도 있다. 앵무새를 좋아하고 끊임없이 공부하고 있지만, 종류가 워낙 많다 보니 새로운 종의 앵무새를 경험할 때마다 또다시 배워야 한다. 국내에는 여전히 앵무새 품종별 사육 책이 없어 혼자서 독학하는 것 외에는 방법이 없다. 서기훈 사장 역시 외국의 앵무새 관련 서적을 번역해서 읽거나 구글 검색을 통해 여러 지식을 얻고 있다.

> **창업 시크릿**
>
> **수익을 높이려면 농장주가 되어라**
> 창업 이후 매출이 흑자로 돌아서는 시기는 짧으면 6개월, 길면 1년 반으로 예측한다. 앵무새 전문점을 창업하는 이들은 매장에서 앵무새 사료와 용품을 파는 것 외에 수익성을 위해 앵무새를 직접 키워서 분양하는 경우가 많다. 매장에서 직접 앵무새를 번식시키거나 새끼 앵무새를 구매해 키운 다음 분양하기도 한다.

부화기 내부 모습.

 ## 홍보·마케팅 비법

서기훈 사장은 인터넷 앵무새 동호회 카페를 통해 혼자서 분양 사업을 시작했다. 앵무새의 분양 정보와 사진이 담긴 홈페이지를 운영하기도 했다. 개업 당시만 해도 경쟁 업체가 많지 않아 홈페이지에 가게 주소와 연락처만 적어 놓아도 분양을 신청하는 전화가 수시로 걸려 왔다고 한다.

인터넷 동호회에서 홍보할 때 서기훈 사장은 가게 정보를 직접 노출하기보다 분양 관련 정보와 사진을 올려둠으로써 자신의 이름을 홍보했다고 한다. 시간이 어느 정도 흐른 다음에는 카페를 통해 알게 된 지인들을 모아 별도로 앵무새 분양 전문 카페를 만들기도 했다. 펫숍을 운영하는 사장 중에는 온라인 카페를 운영하는 경우가 많지 않기 때문에 카페를 가진 것만으로도 홍보 효과가 크다.

앵무새 전문점은 주로 마니아 고객들을 상대하기 때문에 입지에 크게 좌우되지 않는 업종이다. 소음 때문에 타 매장과 분쟁이 날 일이 없는 곳이 좋은 매장이다. 고객의 주문이 들어오면 포장해서 고속버스터미널을 통해 당일 배송을 한다. 고객들은 서울과 경기 등 수도권뿐만 아니라 울산, 대구 등 지방에서 네댓 마리씩 주문하기도 한다. 마니아 고객은 다양한 종류의 앵무새를 키우기 때문에 한 번에 여러 마리를 분양받는다. 요

부가가치가 큰 앵무새를 직접 키워서 분양한다.

즘은 쇼핑몰 역시 노출 경쟁이 심해서 네이버에 키워드 광고를 하지 않으면 영업하기 어렵다. 어떤 고객은 집에서 앵무새를 분양하는 '가정 분양' 방법을 선호하기도 하므로 예비 창업자라면 처음에는 집에서 시작해보는 것도 좋다.

STEP 5. 나만의 고객 관리법

낮은 분양가로만 경쟁하려 들면 시장을 붕괴시킬 위험이 있다. 앵무새 품종이나 차별화된 서비스로 고객을 끌어모아야 한다. 버드라이프의 경우 앵무새 보상 규정이 7주 이내로 3일 이내인 타 업체보다 길다. 보상 제도가 있으면 분양가가 비싸도 고객이 재구매를 하는 경우가 많다.

앵무새를 키우는 이들은 한꺼번에 여러 마리를 구매하기 때문에 매장 내에 앵무새를 다양한 종류로 준비해놓는 것이 좋다. 사육 초보자들은 저렴한 앵무새를 분양받았다가 조금씩 고급 앵무새로 옮기는데, 앵무새 동호회에서 고급 종에 관해 입소문이 나기 시작하면 기존 고객의 재구매율이 높아진다. 신규 고객을 발굴하는 것보다 기존 고객을 유지하는 것이 매출을 높이는 데 더 도움이 된다는 얘기다. 앵무새를 농장에 분양할 때는 전국에 흩어진 앵무새 농장에 앵무새를 안정적으로 공급하는 것에 초점을 맞춘다.

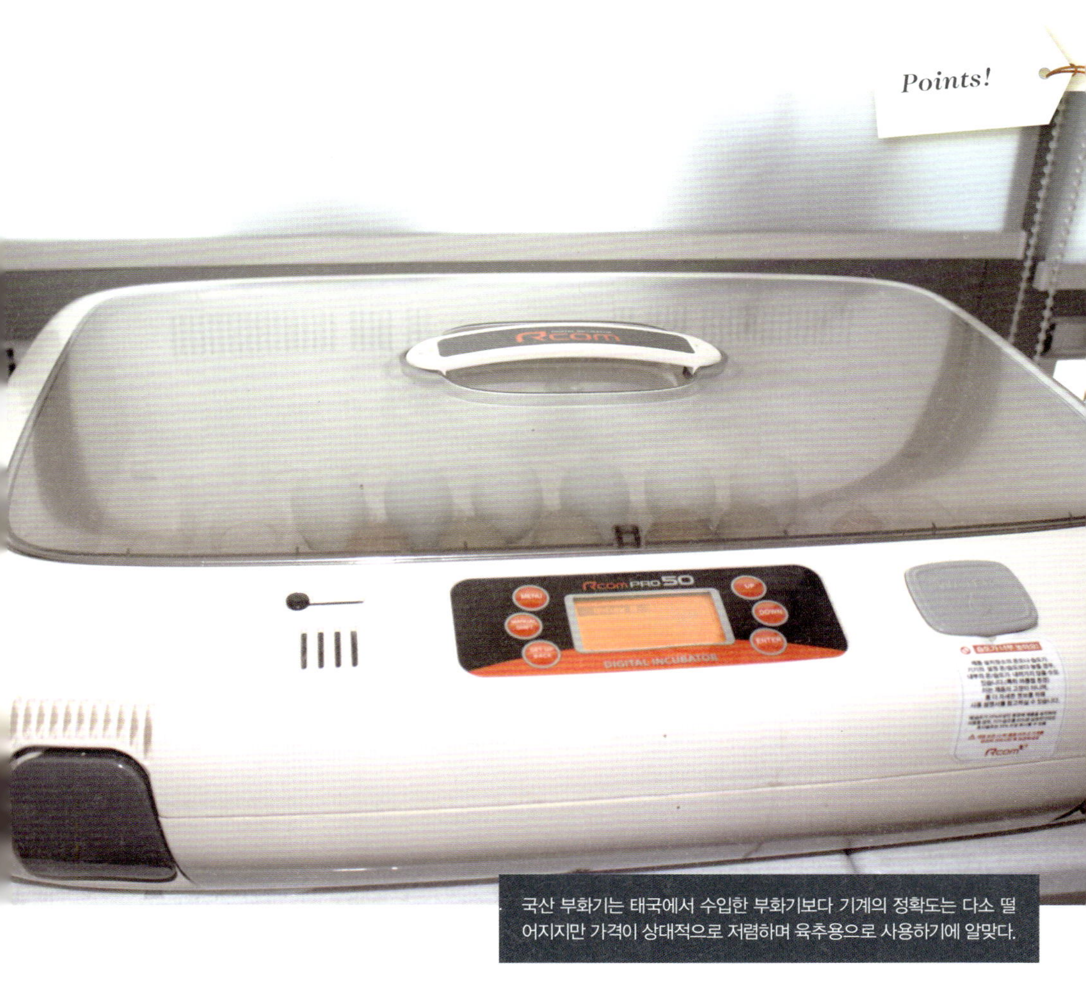

국산 부화기는 태국에서 수입한 부화기보다 기계의 정확도는 다소 떨어지지만 가격이 상대적으로 저렴하며 육추용으로 사용하기에 알맞다.

나만의 필살기

앵무새가 번식하면 곧장 농장으로 분양한다. 앵무새 분양 사업은 재고라는 개념이 없다. 성수기와 비수기가 있는 것도 아니다. 오랫동안 쌓아온 노하우가 있기 때문에 번식률도 높다. 개나 고양이와 달리 앵무새는 분양 기술을 알려주는 곳이 없으므로 자신만의 노하우를 가진 사람이 유리하다.

서기훈 사장은 독자적인 브리딩 기술로 단가를 저렴하게 책정하고 있으며 중형 앵무 등 앵무새 종수를 다양하게 취급하고 있어 시장에서 유리한 위치를 차지하고 있다. 어린이날 같은 특별한 행사 때는 과감한 가격 할인으로 매출 특수와 회원 유치 효과를 동시에 얻고 있다. 무엇보다 수년간 앵무새 번식과 분양 과정에서 쌓은 경험으로 국내 여건에 맞게 앵무새를 번식·분양하는 게 버드라이프만의 경쟁력이다.

펫숍 창업에서 가장 중요한 점은?

앵무새 전문점은 애완동물을 키워보지 않은 초보자가 도전하기에는 만만치 않은 분야다. 앵무새에 관심은 있지만 사육 경험이 없다면 앵무새 전문점에서 일해보는 수밖에 없다. 하지만 앵무새 전문점 역시 인력을 뽑는 경우가 드물어 무급으로 일을 배우는 방법을 추천한다. 앵무새 지식을 충분히 쌓기 전에는 창업하면 안 된다.

앵무새 분양에서 시행착오를 줄이는 가장 좋은 방법은 여러 종류의 앵무새를 키워보는 것이다. 이론적인 지식이 없어도 사육 경험이 풍부하면 창업에 유리하다. 블루오션이라고 해서 쉽게 돈을 벌 수 있을 거라는 생각은 금물이다. 앵무새 전문점은 1년 동안 쉬는 날이 손에 꼽을 정도로 노동 강도가 세서 체력이 강한 사람만이 버틸 수 있다.

이런 사람이 창업하라

앵무새 전문점은 매장 자리가 좋아도 애견숍처럼 쉽게 매출이 나오지 않을 수 있다. 장사가 안될 때에도 버틸 수 있으려면 창업 자금 외에도 일정 규모로 여유 자금을 확보해야 한다. 앵무새 전문점 창업은 활발하고 적극적인 성향의 사람에게 맞는 일이다. 애완동물을 좋아하고 앵무새 교배를 해본 경험이 있는 사람이라면 금상첨화다.

월 매출액: 4000~5000만 원

임대료: 88만 원

매입비: 60만 원

인건비: 300만 원

잡비: 30~40만 원

월 순수익: 3000만 원 이상

5000만 원으로 점나가는 펫샵 창업하기

05

B's Chip

애견 수제 간식 전문점 | 서울 성북구 봉구의 간식

프리미엄 수제 간식의 발견

- ○ **이름** 봉구의 간식
- ○ **위치** 서울 성북구 길음동
- ○ **개업** 2013년 4월
- ○ **보증금** 1500만 원
- ○ **권리금** 없음
- ○ **규모** 10평
- ○ **서비스 요금** 수제 간식 50~100그램에 4500원, 미용용품 1만 5000~2만 원대

개가 아플 때 동물병원을 찾는다면 봉구의 간식은 개를 건강하게 키우고 싶을 때 찾는 곳이다. 한수흠 사장은 개가 먹는 음식을 더 좋은 재료로 만들기 위해 개를 위한 수제 간식을 개발했다. 인터넷에서 구매하는 애견 간식보다 질 좋은 천연재료로 만든 오리 안심살, 닭 안심살 등을 판매하고 있는데, 개업 초기임에도 마니아층이 생길 정도로 안정적인 매출을 올리고 있다.

한수흠 사장은 외식업 프랜차이즈 업계에서 8년간 경력을 쌓았다. 국수전문점, 한우전문점, PC방 등에서 일하면서 포화 시장이 아닌, 10년을 내다볼 수 있는 사업 분야를 찾던 중 애견숍에 관심을 두기 시작했다.

일본 애견박람회에서 애견산업의 가능성을 본 그는 국내 애견 시장의 장단점을 분석한 끝에 사료 유통 시장이 취약하다는 걸 발견했다. 대부분 중국산 저가 사료가 유통되고 있으며 개를 위한 건강식이 없는 시장의 틈새를 노려 수제 간식을 직접 개발하게 된 것.

봉구의 간식은 수제 간식을 직접 만들어서 매장에 공급하고 있다. 기존 애견 간식보다 맛과 영양 면에서 뛰어난 음식을 만들기 위해 고급 재료를 쓰고 있다. 수제 간식뿐 아니라 국내산 사료, 애견용품 등을 함께 판매하며 기존 애견숍의 수준을 한 단계 끌어올리기 위해 노력 중이다. 아직은 소비자 인지도가 높지 않지만, 애견 마니아들 사이에서 봉구의 간식은 수제 간식 전문점으로 유명하다.

기존에도 천연재료를 쓴 수제 간식 쇼핑몰이 있었지만 로드숍에서 수제 간식을 직접 판매하는 곳은 전체 애견숍의 10퍼센트에 불과하다. 이 때문에 일부 대기업에서도 수제 간식 분야의 시장성을 내다보고 본격적으로 준비하고 있다. 한수흠 사장은

간식뿐만 아니라 애견 의류도 판매한다.

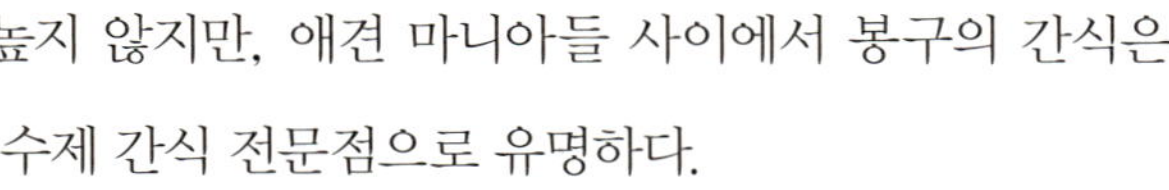

매장 안에 의류용품을 판매하는
공간을 별도로 만들었다.

Shop
우리 가게 장비 구입 비용은?
에어컨, 컴퓨터 등: 300만 원
진열장 및 인테리어: 1000~1200만 원
총 1500만 원

개를 키우는 20~30대 고객이 수제 간식을 소비할 만한 경제력을 갖춘 계층으로 보고 앞으로 시장 수요가 꾸준히 늘어날 것으로 예측한다. 아직 수제 간식 시장이 무르익지 않았기 때문에 애견숍보다 매장 수가 적지만, 앞으로 수제 간식 전문점은 베이커리 형태의 매장으로 점차 진화해나갈 것이다.

STEP 1. 매장 콘셉트 정하기

봉구의 간식은 기존 애견숍과 달리 팬시점이나 유아용품점 느낌이 난다. 단순한 수제 간식 판매점의 이미지가 아닌 멀티 쇼핑몰이라는 느낌이 묻어나도록 아기자기한 분위기로 꾸몄다. 인테리어 집기에 여러 가지 색을 쓰지 않고 회색과 흰색만 사용함으로써 상품을 진열했을 때 조화롭게 보이도록 한 것이 특징이다. 언뜻 보아도 단순하면서도 세련된 분위기가 느껴진다. 한수흠 사장은 분당의 카페 거리를 찾아가 시장조사를 했고, 인테리어 디자인과 페인트칠을 직접 하기도 했다.

로고 디자인은 업체에 맡기지 않았다. 재능 기부 디자이너에게 의뢰해 일러스트 작업 시 몇 차례 요구사항을 전달해 반영하면서 점차 보완해나갔다. 현재 봉구의 간식 로고는 13차례 수정 끝에 완성된 것이다. 매장의 전체 디자인은 고객이 매장

을 편안하고 친근하게 느낄 수 있도록 부드러운 이미지를 살린
것이 특징이다.

 상품 및 매출 관리법

매장에서 판매하는 상품의 종류가 500가지가 넘는다. 매출
액으로 따지면 수제 간식보다 사료의 비중이 더 크다. 판매량
을 기준으로 하면 수제 간식이 훨씬 높다. 고객들이 수제 간식
을 사면서 사료와 용품 등을 함께 구매하는 경우가 많다. 수제
간식은 한 번 구매하면 이틀가량 먹을 수 있는 분량으로 50그
램에서 100그램에 4500원으로 판매하고 있다.

애견 수제 간식 전문점은 노력하고 홍보한 만큼 매출과 연계
된다. 봉구의 간식은 매장을 오가는 고객들에게 입소문을 내
배달 매출을 전체 매출의 15퍼센트 수준까지 끌어올렸다. 한
수흠 사장은 투자 대비 수익률을 따졌을 때 수제 간식 전문
점 수익률이 꽤 높으므로 다른 업종보다 창업 초보자가
안정적인 매출을 올릴 수 있다고 조언했다.

 내가 겪은 시행착오

한수흠 사장은 1년간 창업 준비를 했다. 처음
에는 수제 간식을 어떻게 만들어야 할지를 몰
랐다. 집에서 끊임없이 연구하고 만들어보면서

애견 수제 간식 전문점 | 서울 성북구 보구의 간식

Points!

봉구의간식
소떡심
소떡심
봉구의간식
양갈비
소떡심
소떡심은 소의 등쪽에 붙어있는 가장 질긴
인대로써 치석제거 및 잇몸강화에 매우
효과적인 100% 천연껌입니다.

직접 개발한 천연껌, 수제 간식 등
으로 고객의 마음을 사로잡는다.

시행착오를 반복했다. 애완견 주인들이 온라인 카페에 건조기로 수제 간식 만드는 조리법을 올려놓은 걸 참고하기도 했다. 방부제를 넣을지 말지, 건조는 몇 시간 동안 할지, 온도는 어떻게 맞출지 등을 계산해보면서 적정 수치를 찾기 위해 노력했다. 4개월 동안 다양한 재료를 활용하면서 메뉴를 다듬어나갔다. 독자적인 조리법을 개발하기 위해 식품과학연구소를 찾아가 연구를 의뢰하기도 했다. 육가공 공장 사장들을 만나서 자연식 제조에 참고할 만한 정보도 얻었다.

수제 간식을 완성한 다음에는 주변 사람들에게 시식을 권했다. 주변의 반응을 토대로 조리법을 다시 수정하면서 조금씩 봉구의 간식만의 맛을 찾아갔다. 참고로 수제 간식 메뉴를 만들었다고 해서 곧바로 팔 수 있는 건 아니다. 배합사료 자격을 인정받는 데 몇 개월이 걸렸다. 먹을거리를 만들어서 판매할 수 있는 허가 절차가 생각보다 까다롭다. 관할 관청에서 허가 요건은 가르쳐주지 않고 계속 퇴짜만 놓는 일도 있었다. 칠전팔기 정신으로 뛰어다니면서 겨우 허가를 얻었다. 기반이 없는 상태에서 새로운 분야를 개척하려면 그만큼 노력이 필요한 법이다.

STEP 4. **홍보·마케팅 비법**

개업 초기에는 자주 가는 인터넷 애견카페에서 무료로 샘플을 나눠줬다. 개발한 수제 간식은 유통기한이 길지 않았기 때

목줄 등 봉구의 간식에
서 판매하는 애견용품.

문에 어쩔 수 없이 소진해야 하는 재고이기도 했
다. 한 제품의 유통기한이 보름 정도 늘어날 방법
을 개발할 때까지 카페를 통해 수제 간식을 무료
로 배포했다. 애견 훈련소 모임에서도 수제 간식
시식회를 열었다. 카페와 동호회 중심으로 수제
간식을 적극 홍보하려고 노력했다.

홍보했을 때 반응이 좋은 수제 간식만 골라
서 허가를 받은 뒤, 봉구의 간식 메뉴에 정식으로 올렸
다. 온라인 블로그에서는 애견 파워블로거를 대상으로 수제 간
식을 나눠준 다음 시식 후기를 올리도록 했다. 현재는 수제 간
식의 유통기한을 6개월까지 연장시킬 노하우가 생겨 재고량을
좀 더 수월하게 조절할 수 있다.

STEP 5. 나만의 고객 관리법

처음에는 '사람도 못 먹는 한우를 개에게 먹이느냐'며 항의
하는 고객이 있을 만큼 고객들 반응이 좋지 않았다. 프리미엄
수제 간식에 대한 인식이 부족한 고객에게는 4000원짜리 간
식도 비싸게 느껴질 수 있다. 그런 고객에게는 개의 건강이 나
빠져 병원비가 더 나오니 처음부터 좋은 간식을 먹여야 한다고
설득한다. 한 달에 2~3회는 저가 간식을 먹이더라도, 한 번 정
도는 보양식 삼아서 수제 간식을 먹이는 게 필요하다고 고객에
게 설명한다. 아직 많은 애완견 주인들이 수제 간식의 필요성

개를 사랑하는 고객이라면 상담을 통해 친해져
자연스럽게 고객 관리를 할 수 있다.

화학조미료를 넣지 않은 수제 간식으로 영업하고 있다.

을 느끼지 못하고 있기 때문에 좋은 간식을 꾸준히 소개하는 것만으로도 고객의 마음을 얻을 수 있다.

한수흠 사장은 고객 정보를 따로 관리한다. POS시스템으로 구매 명세를 확인하고 이벤트나 세일 정보는 문자로 발송한다. 고객을 상대로 온라인 홍보를 꾸준히 하는 것도 중요하다. 매장을 방문한 고객에게는 개와 함께 기념사진을 찍어주고, 개의 영양 상태를 확인해줌으로써 고객과 친밀함을 다져나간다.

매장 주변을 지나가다가 매장에 관심을 보이는 고객도 놓치면 안 된다. 개를 키우는 사람들은 공통 소재가 생기면 금방 친해진다. 친분이 쌓였을 때 수제 간식을 설명해주고 상품을 홍보하면 구매 고객으로 연결될 가능성이 매우 커진다.

단순한 수제 간식 판매점의 이미지가 아닌 멀티 쇼핑몰이라는 느낌이 묻어나도록 아기자기한 분위기로 꾸몄다. 인테리어 집기에 여러 가지 색을 쓰지 않고 회색과 흰색만 사용함으로써 상품을 진열했을 때 조화롭게 보이도록 한 것이 특징이다.

나만의 필살기

봉구의 간식에서 만든 20가지 수제 간식은 쉽게 변질하지 않는다. 겉으로 보기에 일반 간식과 차이가 없지만 오리 안심살, 닭 안심살, 칠면조 가슴살 등 다양한 재료로 만들어 일반 수제 간식과 차별화된다. 매장에 입고된 수제 간식은 냉장 보관해 신선도를 유지한다. 케이크처럼 쇼케이스에서 간식을 보관하기 때문에 보기에도 고급스럽다.

봉구의 간식 매장은 인터넷 쇼핑몰보다 장점이 더 많다. 수제 간식을 주문하는 고객들은 눈으로 보고 손으로 만져보고 싶어하기 때문이다. 그래서 인터넷으로 구매하기보다 점포에서 구매하는 걸 더 선호한다. 매장에서 샘플 간식을 만져보고 개에게 먹여줌으로써 수제 간식에 더 친밀감을 느낀다.

봉구의 간식은 배달 서비스도 하고 있다. 지역 배달업체와 제휴를 해 고객이 배달료만 지급하면 집까지 상품을 배달해준다. 1인 창업으로 혼자서 매장을 꾸려갈 수 있다는 것도 장점이다. 한수흠 사장은 애견잡지를 종류별로 구독하고, 평소 유통업자들과 친분을 쌓으며 물품을 저렴하게 매입한 것도 펫숍 운영에 큰 도움이 되었다고 한다.

펫숍 창업에서 가장 중요한 점은?

정보력이 생명이다. 매년 애견박람회에 참석해 다양한 종류의 상품을 접하고 매장에서 팔 수 있는 게 무엇인지 끊임없이 연구해야 한다. 평소에 인터넷 애견카페를 통해 정보를 수집하거나 개를 키우는 지인들과 교류하는 것도 방법이다.

애견 수제 간식 전문점의 성패는 유통에서 결정된다. 첨가제를 넣지 않기 때문에 상하지 않고 오래 보관할 수 있는 조리법이 중요하다. 여러 가지 시제품을 만들어보고 유통기한을 조금씩 늘려가는 식으로 메뉴를 개발한다. 수제 간식 전문점은 개업 이후 2~3개월 동안 매출이 낮을 수도 있다. 매출이 당장 나오지 않는다고 의기소침해지기보다는 초기 상품 매입량을 조절하면서 재고를 적정량으로 유지하는 게 중요하다. 창업 이후 1개월만 지나면 고객이 원하는 상품과 그렇지 않은 상품을 구분할 수 있는 능력이 생긴다.

이런 사람이 창업하라

사소한 부분을 놓치지 않는 꼼꼼한 성격이 좋다. 판매직이기 때문에 노동 강도는 세지 않지만, 종일 매장을 지킬 수 있는 인내력이 중요한 업종이다. 혼자 있는 시간을 잘 보낼 수 있는 사람이 알맞다. 가장 중요한 것은 개를 사랑하는 마음과 고객을 향한 서비스 정신이다. 편의점처럼 제품만 파는 게 아니라 고객이 데리고 온 개와 소통하고, 고객의 요구를 정확히 파악할 수 있는 센스 있는 성격이 좋다. 여기에 고객이 사료를 사면 용품까지 함께 팔 수 있을 만큼 친화력과 영업력을 갖추었다면 금상첨화다.

월 매출액: 500~600만 원
임대료: 90만 원
매입비: 250~300만 원
인건비: 없음
잡비: 15~20만 원
월 순수익: 250~300만 원 이상

애견 미용
070-7746-8305
SHOW DOG PET SHOP
976-7780
170
애견미용 전문샵
용품 분양 놀이방

Doggyjumbbang

대형견 미용 전문점 | 서울 중랑구 개품격점빵

수의사보다 개를 잘 아는 미용사

- **이름** 개품격점빵
- **위치** 서울 중랑구 묵동
- **개업** 2012년 10월
- **보증금** 1000만 원
- **권리금** 1000만 원
- **규모** 8평
- **서비스 요금** 소형견 4만 원, 대형견 20만 원부터

개품격점빵은 대형견 출장 미용을 하던 신정희 사장이 처음으로 창업한 가게다. 도그쇼 수상 경력을 가진 사장은 자신만의 브랜드를 앞세워 '동물병원보다 편안하고 애견숍보다 믿을 수 있는 전문 펫숍'으로 개품격점빵을 홍보한다. 매장 규모는 작지만 개의 상태를 파악해 꼼꼼한 관리해주는 것이 개품격점빵의 경쟁력이다.

신정희 사장은 평소 대형견을 좋아해서 허스키 두 마리를 10년간 키웠다. 대형견을 키우는 동호회 모임에 자주 나가다 보니 알게 된 사실은 자신과 마찬가지로 다른 회원들도 덩치가 크고 털이 많이 빠지는 대형견을 목욕시키는 데 어려움을 겪는다는 것이다.

대형견은 애견숍에 맡겨 목욕을 시키는 경우가 많지만 출장 미용 서비스를 이용하기도 한다. 신정희 사장도 처음에는 아르바이트 삼아서 대형견 출장 미용 일을 했다. 일은 힘들지만 미용비가 10만 원 이상 더 높고, 대형견을 좋아하는 자신의 성향상 해볼 만한 일이었다. 대형견 미용 수요가 많다는 걸 알게 된 그는 온라인 블로그에 '대형견 전문 출장 미용사'로 홍보하면서 대형견 미용 프리랜서로 알려졌다. 개를 목욕시키면서 찍은 사진과 미용법에 대한 정보를 블로그에 올리자 출장 미용을 신청하는 고객이 많아졌다.

애견숍을 그만두고 출장 미용을 다닐 무렵, 주말마다 견사를 찾아가 핸들러 교육을 받기도 했다. 그는 미용이라는 한정된 분야를 넘어서서 개를 전문적으로 다루는 직업을 갖고자 했다. 그러다 도그쇼에 참여하면서 핸들러의 세계에 푹 빠졌다. 핸들러 전문 양성기관을 찾지 못해 견사를 찾아가 과외를 받기도 했다. 매달 50만 원씩 수강료를 내고 프로 핸들

개품격점빵 진열장 안의 강아지들.

매장 안에 대형견 목욕 전용
공간을 만들어놓았다.

Shop
우리 가게 장비 구입 비용은?
스파 기계: 100만 원
에어컨: 50만 원
테라스 설치: 200만 원
드라이 기계: 30만 원
미용 테이블: 20만 원
개장: 5만 원 등
총 700~800만 원

러에게 기술을 전수받았고 몇몇 대회에서 상을 받으면서 입지를 다졌다.

개품격점빵은 핸들러로서의 경력을 기반으로 애견 미용과 호텔, 분양 등을 전문으로 하기 위해 연 가게다. 중랑구 묵동은 대형견 미용 수요는 많지 않지만, 주변에 중랑천이 있어 개를 산책시키는 이들이 많고 일산 등 주변 지역으로 연결되는 교통 여건도 좋다. 동네 손님과 타지에서 방문하는 단골을 대상으로, 아주 높은 매출을 올리진 않지만 안정적으로 매장을 운영하고 있다.

STEP 1. 매장 콘셉트 정하기

미용을 주 수입원으로 하는 펫숍은 겨울철 매출이 가장 낮다. 추위 때문에 견주가 개를 목욕시키려고 하지 않기 때문이다. 개품격점빵이 막 개업했을 당시도 겨울이어서 매출이 좀처럼 나오지 않았다. 신정희 사장은 낮은 매출을 만회하기 위해 애완용품을 판매하는 쇼핑몰 운영을 병행했다. 매장보다 저렴한 가격으로 용품을 판매했는데 반짝 세일을 많이 해서 꽤 쏠쏠한 매출을 올렸다고. 매월 50만 원씩 지급해 키워드 광고로 홍보함으로써 겨울철의 낮은 매출을 만회할 수 있었다.

신정희 사장은 개업 초기 5~6개월 동안 버틸 수 있는 여유 자금을 비축해두었다고 한다. 권리금에서 아낀 돈으로 시설 투자를 최소화해 매장 인테리어를 끝냈다. 내부 공간은 최대한 단순하고 실용적으로 만들고, 진열장은 나무를 사서 직접 짰다. 인테리어 비용으로는 에어컨 설치를 포함해 총 800만 원을 썼다.

STEP 2. **상품 및 매출 관리법**

대형견 미용은 체중 1킬로그램 단위로 서비스 가격이 책정된다. 시베리안 허스키 같은 견종은 20~30만 원까지 가격이 오른다. 목욕만 했을 때는 5000원을 받는다. 미용 서비스를 받지 않는 고객에게도 개의 상태에 맞는 로션이나 피부 관리 제품을 권한다. 개품격점빵에서 가장 많이 판매되는 제품은 샴푸 계열인 하이드로 바스다. 털에 신경 쓰는 고객에게는 1만 원짜리 스파 서비스를 권한다. 미용 서비스를 패키지로 받을 때는 소형견이 4만 원, 대형견은 20만 원부터 비용이 책정된다. 한 번이라도 대형견 미용 서비스를 받은 고객은 정기적으로 매장을 찾아오기 때문에 안정적인 수입원이 된다고.

용품과 간식은 마진율이 원가의 20퍼센트로 높은 편이 아니다. 온라인 쇼핑몰에서 판매되는 상품이 워낙 저렴해서 용품 판매로 매출을 늘리기보다는 미용 서비스와 매출을 연계하는 게 더 유리하다. 국내산 간식은 가격이 높긴 하지만 알레르기

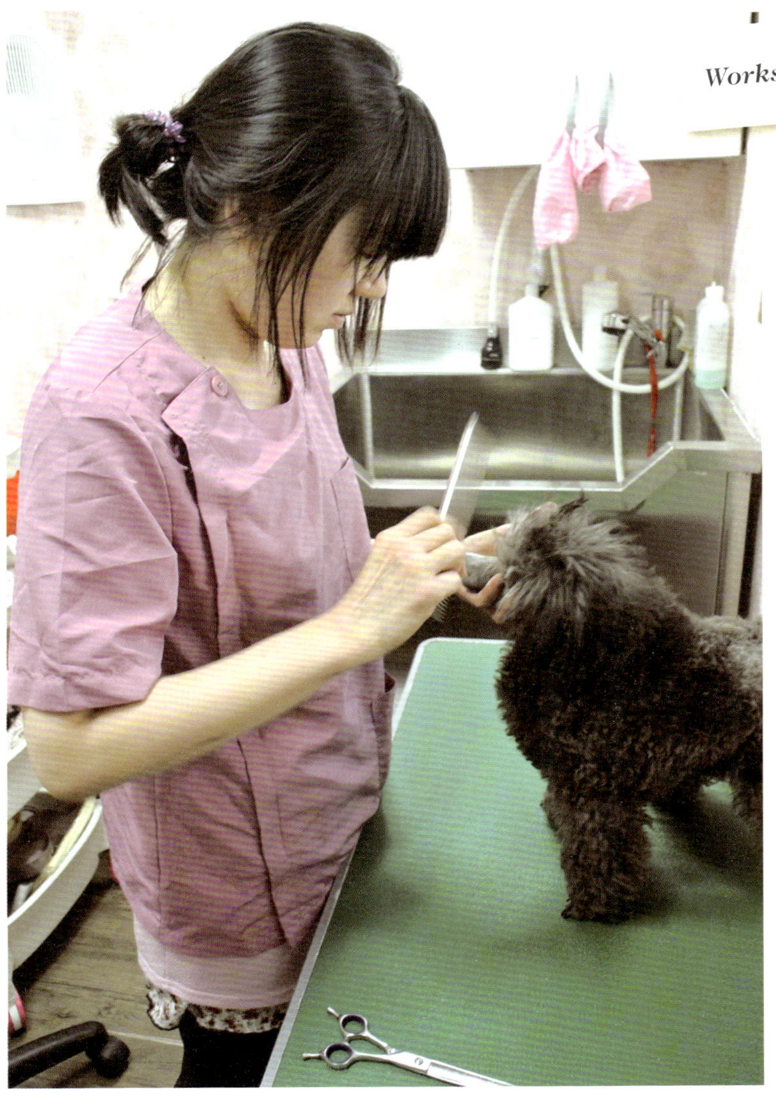

대형견 미용 전문점 | 서울 중랑구 개룡 겨전빵

Points!

다양한 종류의 애견용품을 갖추어
놓고 손님이 고를 수 있도록 했다.

가 있는 개나 수제 간식을 먹어본 개를 키우는 견주에게는 판매하기 쉽다. 개품격점빵의 경우 미용 서비스를 전문적으로 하므로 용품 구매를 억지로 권하지는 않지만, 미용을 한 개의 몸 상태에 따라서 꼭 필요한 상품을 권하면 고객이 자연스럽게 물품을 구매한다.

개품격점빵은 날씨 변화에 따라 매출 편차가 큰 편이다. 겨울은 비수기이지만 미용 서비스 대신 겨울옷 판매량을 늘려 매출의 균형을 유지한다. 개가 털을 미는 것을 부정적으로 생각하는 고객에게는 미용의 좋은 점을 설명해주는 식으로 매출을 유도한다.

STEP 3. 내가 겪은 시행착오

신정희 사장은 펫숍을 운영하다가 망할 수 있다는 생각을 자주 했다고 한다. 동네 장사로 돈을 버는 게 쉽지 않다는 걸 알고 있었기 때문. 비수기에 창업한 것도 지혜로운 선택은 아니었다. 가게가 있는 묵동 주변에서 산 지는 오래되었지만 시장조사를 충분히 하지 않은 것도 시행착오라고 볼 수 있다. 신정희 사장은 펫숍 성공을 위해서는 기술력도 중요하지만 영업과 마케팅 능력도 반드시 수반되어야 한다고 강조했다.

개품격점빵은 출장 미용으로 고객층을 확보하고 쇼핑몰 용품 판매로 개업 초창기의 낮은 매출을 만회했다. 펫숍을 처음 시작하는 사람이라면 자신감을 잃고 문을 닫을 수도 있는 상

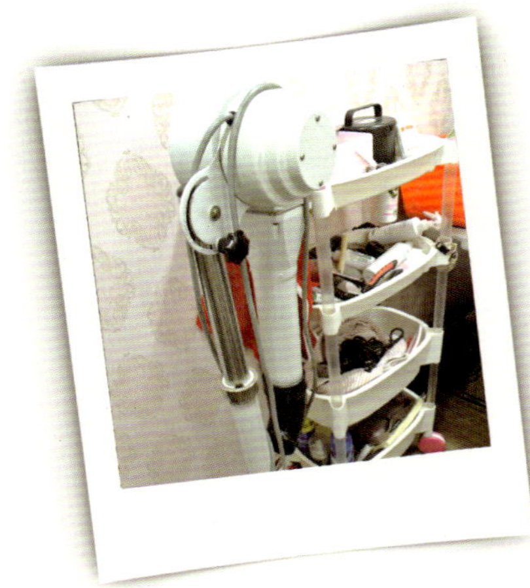

황이었다. 개업 초기에 의외로 견주가 자신의 개에 대해 잘 모르는 부분이 많다는 것을 몰랐던 것도 실수였다. 예를 들어 말티즈를 키우는 견주가 말티즈의 성향이나 기질을 몰라서 당황할 때가 잦았기 때문. 신정희 사장은 매장에 오는 모든 고객에게 개에 대한 정보를 충분히 알려 주려고 노력한다.

애견 미용 시 사용하는 목욕 도구.

홍보·마케팅 비법

개품격점빵을 찾아오는 고객들은 주로 일산과 성남, 성북 지역에서 온다. 온라인 검색으로 대형견 미용을 하는 가게를 찾다가 개품격점빵과 인연을 맺은 고객들이 대부분이다. 동네에서 개업한 이후에는 전단을 돌리면서 꾸준히 가게를 홍보했다. 전단을 보고 찾아왔다는 고객이 많을 정도로 광고 효과를 톡톡히 봤다. 하지만 다른 고객의 소개로 가게를 찾는 고객이 더 많다. 주요 고객층은 30~40대이며 집에서 개를 키우는 가족견 위주다. 신정희 사장은 젊은 고객은 털 꾸미기를, 어린 자녀가 있는 주부 고객은 털 밀기를 선호한다고 귀띔했다.

도그쇼에 참석할 당시 찍은 사진을 매장 곳곳에 붙여둔 덕분에 고객은 매장을 신뢰한다. 도그쇼에서 받은 상을 진열해두는 이유는 그만큼 고객이 개를 믿고 맡겨도 된다고 알려주기 위해서다. 단골에게 옷이나 간식 등을 선물로 줄 뿐만 아니

Points!
FCI
Natural Balance
KOREA, IN
ASIA KENNEL UNION
BEST IN GROUP
AKU ASIA CHAMPIONSHIP DOG SHOW
WWW.EDDYPHOTO.CO.KR
한국애견연맹
Natural Balance

도그쇼 수상 경력을 통해 고객들에게 신뢰감을 준다.

라 미용 서비스를 맡긴 고객에게 옷 한 벌을 선사하는 이벤트를 진행하기도 한다. 가게를 홍보할 때는 용품이나 간식을 적극 활용하면 좋다.

STEP 5. 나만의 고객 관리법

펫숍은 보통 8시에서 9시면 문을 닫지만 개품격점빵은 11시 넘어서까지 영업한다. 퇴근길에 개를 맡기는 고객이 많아 영업 시간을 늘렸다. 동물병원을 찾는 고객이 수의사를 믿듯, 펫숍을 찾는 고객은 미용사를 믿는다. 신정희 사장은 미용 스타일뿐 아니라 개의 상태를 진단할 때 수의사 못지않게 정확하고 폭넓은 지식을 갖추려고 노력한다. 개뿐만 아니라 개를 맡긴 고객의 근황도 함께 챙긴다. 그렇게 신정희 사장과 인연을 맺은 고객은 유대가 돈독해져 관계가 오래간다고.

단골에게는 개의 연령대와 시기에 따라 어떻게 관리하면 좋을지 자세히 설명해준다. 고객의 개를 장기적으로 관리해주는 사람인 셈이다. 이런 기본적인 서비스 정신만 놓치지 않으면 문자 발송 외에 고객을 따로 관리하지 않고도 고객과 안정된 관계를 이어갈 수 있다.

Points!

수의사 못지않은 지식을 갖추기 위해 노력한다.

매장에 온 고객을 위해 스타일북을 만들어
다양한 커트 형태를 보여준다.

나만의 필살기

매장 내부에 카탈로그를 비치해 고객이 원하는 스타일로 미용 서비스를 해준다. 견종 특징에 따라 어울리는 스타일이 다른데 포메라니안은 귀여운 커트형, 말티즈는 털을 길러 꾸며주는 스타일을 권한다. 신정희 사장은 평소 다른 애견 블로그나 해외 사이트의 미용 스타일을 많이 참고하는 편이다. 고객이 원하는 스타일로 미용 서비스를 하면 미용비를 높게 받을 수 있다. 미용을 따로 하지 않고 털을 밀기만 한다면 3만 원이지만, 미용 서비스를 곁들이면 4~5만 원을 받는다. 미용 서비스를 이용하는 고객에게 스파를 권함으로써 추가 서비스를 하기도 한다. 자유로운 호텔 서비스도 개품격점빵의 강점이다. 매장이 넓지는 않지만 개들을 자유롭게 풀어두고 간식을 규칙적으로 제공하기 때문에 호텔 서비스를 이용하는 고객이 많다.

펫숍 창업에서 가장 중요한 점은?

애완견 관리를 꼼꼼하게 하는 편이다. 애완견은 외부 환경에 민감하고 스트레스를 받아 죽는 경우도 많다. 애견 미용사가 잘못하지 않았다고 해도 펫숍에 개를 맡긴 고객은 미용사에게 책임을 묻는다. 이 때문에 미용사는 개를 맡을 때부터 고객에게 개에 관한 정보를 상세히 듣고 평소 개의 습관이나 건강 상태를 물어본 다음, 아기를 돌보듯 세심하게 관리해야 한다.

이런 사람이 창업하라

경험이 전혀 없는 사람보다 애견숍에서 일해
본 사람이 창업에 유리하다. 애견숍은 청소 일
이 상당히 많다. 변을 치우는 일처럼 궂은일이
많으므로 끈기가 있어야 한다. 덩치가 큰 개,
심하게 짖거나 무는 개를 다룰 때를 대비해
강한 체력도 필요하다. 개의 장점을 극대화하
고 단점은 보완해주는 디자인 감각과 눈썰미
까지 갖추고 있다면 금상첨화다.

월 매출액: 400~500만 원
임대료: 50만 원
매입비: 292만 원
인건비: 없음
잡비: 10~15만 원
월 순수익: 170~200만 원

A HOME IS NOT A HOME
WITHOUT A DOG

A Dog

애견 스타일 디자인숍 | 서울 강남구 에이도그

세련된 카페 같은 애견숍

- **이름** 에이도그
- **위치** 서울 강남구 삼성동
- **개업** 2014년 3월 15일
- **보증금** 1000만 원
- **규모** 6평
- **서비스 요금** 강아지 옷 3만 원대, 사료 8000원~5만 원대,
  강아지 간식 8000원~5만 원대, 강아지 영양제 1~10만 원대

에이도그는 애견숍인데도 개가 많지 않다. 매장에 털이 날리는 걸 막기 위해
분양 예정인 개만 들여놓았다. 시끌벅적한 공간보다 조용한 공간, 개를 분양
받을 때도 주인과 오랫동안 대화를 주고받으면서 자신에게 꼭 맞는 개를 분
양받을 수 있는 편안한 장소가 이곳이다.

홍연의 사장은 펫숍을 열기 전 애견카페를 즐겨 찾던 마니아였다. 17년 동안 키우던 포메라니안이 죽은 뒤, 개를 분양받을 곳을 찾다가 마음에 드는 분양숍이 없어서 직접 분양 사업을 시작했다. 처음에는 애견카페 창업을 생각했지만, 도심에서 위생적이고 깔끔한 환경을 갖추려면 작은 애견숍을 하는 게 낫다고 판단했다.

개를 오래 길렀지만 막상 애견 분양이 어떻게 이뤄지는지 몰랐던 그는 1년 동안 유명한 견사를 찾아다니면서 한국의 애견 문화를 자세히 알아보았다. 경매장이나 농장에서 자라는 개는 태어나자마자 사료를 먹고 눈도 뜨기 전에 분양되는 경우가 많았다고 한다. 홍연의 사장은 갓 태어난 개가 어미젖을 먹지 못하면 개의 성향이 불안정해진다는 걸 알고 농장 분양을 포기했다. 그래서 선택한 방법이 개 전문 사육장에서 분양하는 '켄넬Kennel' 사육이다. 그는 혈통이 보존된 포메라니안과 웰시코기만을 전문적으로 분양하기로 했다. 20년 이상 분양 경험을 갖춘 전문 브리더를 통해 개를 분양받고, 켄넬 분양을 아는 고객들을 상대로 입소문을 내기 시작했다.

켄넬 분양은 일반 분양보다 공급이 안정적이고 분양 수익률도 높은 편이다. 홍연의 사장은 디자이너로 일했던 경험을 살려 애견 디자인 용품을 파는 브랜드도 만들었다. 알록달록한 무늬가 있는 대다수

에이도그에서 직접 디자인한 로고.

사장이 직접 디자인한 애견 옷을 매장에서 판매하고 있다.

Shop
A HOME IS NOT A HOME WITHOUT A DOG
우리 가게 장비 구입 비용은?
수도 공사: 10만 원
진열장 및 기타 가구와 조명: 300만 원
에어컨: 50만 원
간판, 페인트, 창문 시트: 40만 원
총 400만 원

애견 옷과 달리, 사장이 직접 은은하고 세련되게 디자인한 옷은 만들어지는 족족 다 팔릴 만큼 인기를 끌었다. 에이도그는 단순히 분양만 하는 게 아니라, 애견용품과 장난감, 품질 좋은 사료 등을 판매하면서 '애견복합문화공간'으로 입지를 다지고 있다.

STEP 1. 매장 콘셉트 정하기

홍연의 사장은 점포를 구할 때 시끌벅적한 곳이 싫어서 도로 이면의 조용한 주택가를 택했다. 처음부터 높은 매출을 바라기보다 단골 확보에 초점을 맞췄다. 옷가게를 하던 자리여서 인테리어를 크게 손보지 않아도 괜찮았다. 조명이나 바닥재는 그대로 두고, 벽 한 면을 비워서 가게를 홍보하는 공간으로 꾸몄다. 처음 생각했던 가게 콘셉트는 집 안 거실 느낌이었다. 소파를 중앙에 두고 큰 바닥 깔개를 놓기도 했다. 하지만 가게에 들어오기 부담스럽다는 고객의 의견이 많아 배치를 바꿨다.

사료 진열장은 폐업한 가게에서 중고로 가져온 것에 천을 씌워서 만들었다. 소파 또한 지인을 통해 저가로 구매한 것. 개집은 손으로 직접 짰다. 기성품보다 크고 넓게 만들어서 비용이 더 들었지만, 개가 좀 더 편안한 환경에서 지낼 수 있다. 조명은 기존 점포에 설치된 것을 그대로 살렸다. 매장 구석에 언제든

지 손을 씻을 수 있도록 세면대를 설치했다. 소품이나 집기는
전부 발로 뛰어서 구함으로써 그만큼 비용을 줄일 수 있었다.

상품 및 매출 관리법

에이도그의 주 수입원은 분양이다. 켄넬 분양은 원가의 두
배 수익이 나는 게 보통이다. 홍연의 사장은 후발 주자로서 경
쟁력 확보를 위해 원가의 1.7배 수익률을 매겼다. 경매장에서
개를 가져올 때는 30만 원에 데려와서 70~80만 원에 팔지만
켄넬 분양을 하는 견종은 원가가 워낙 비싸서 할인을 해주는
편. 150만 원에 구매한 개는 분양가가 300만 원이지만, 할인
후 240만 원 선에서 분양한다. 다른 애견숍의 켄넬 분양보다
가격이 저렴해서 경쟁력을 갖출 수 있다고.

사료는 보통 원가의 40퍼센트를 마진율로 본다. 1킬로그램
당 5만 원대 제품이 가장 많다. 장난감은 3~4만 원
대, 영양제는 4~5만 원대, 간식은 1~2만 원대 상
품이 있다. 상품 종류는 약 20가지. 원래는 종류
별로 한 가지씩만 갖춰놓고 싶었지만 고객 수
요가 다양해서 구색이 점점 다양해졌다. 매
장에서 판매하는 옷은 옷걸이와 세트로 한
벌에 3만 6000원에 판매된다. 옷은 원가가
약 1만 원 정도. 수익률이 가장 높은 품목
이다.

Points!

분양 예정인 개를 매장에서 돌보면
서 관리한다.

시장조사를 하는 동안 구체적으로 어떤 콘셉트로 가게를 꾸밀지 혼란스러웠던 때가 있다. 강남 지역 애견숍을 돌면서 매장별로 장단점을 분석했는데, 위생적이면서도 고객이 가게를 편안하게 느끼는 환경을 만드는 게 쉽지 않았다. 애견장에 개를 가둬두고 기르면서 분양하는 방식은 선택하고 싶지 않았다. 이를 벗어나고자 디자인숍으로 가게를 꾸몄는데, 사람들이 애견숍인 줄 모르고 지나치는 일이 자주 일어났다.

홍연의 사장은 처음에 평범한 애견숍을 탈피하기 위해 장난감이나 애견용품만 취급하려고 했다. 그러다가 '매장에 왜 사료가 없느냐'고 묻는 고객들이 많아서 중간에 사료를 들여왔다. 값이 싼 물건을 들여놓고 저가에 팔고 싶지는 않았다. 사료 하나 팔아서 500원 혹은 1000원 남기는 일은 의미가 없다고 생각했기 때문. 좋은 물품을 제값에 팔기 위해서는 가게를 이름 있게 만드는 것이 중요하므로 시행착오 역시 의미 있는 과정이라고 생각한다.

분양 고객을 위해 호텔 서비스는 무료 따로 돈을 받고 호텔 서비스를 하지는 않는다. 개를 24시간 돌보는 건 쉬운 일이 아니다. 개를 혼자 두고서 가게 문을 닫는 건 개에게 좋지 않고 위험 부담도 크다. 개한테 병이 생길 수도 있다. 대신 분양 대기 중인 개는 호텔 서비스를 무료로 제공한다. 이때는 개가 혼자 있는 시간을 최소한으로 줄이기 위해 자정 너머까지 가게 문을 연다.

매장 근무자를 위해 세면대를 따로 설치했다.

 ## 홍보·마케팅 비법

처음에는 홍보를 전혀 하지 않았다. 입소문만으로 알려진 가게로 만들고 싶었다. 하지만 에이도그라는 브랜드를 알릴 필요가 있었기에 애견 의류를 만들어 팔기 시작했다. 옷은 홍연의 사장이 직접 디자인했다. 대형견과 중형견, 소형견에 맞는 사이즈를 각각 만들고 싶었지만, 제작 기술이 까다로워서 소형견 옷만 만들었다. 디자인했다고 옷이 곧바로 만들어지는 건 아니다. 공장에서 원단을 만들고 재단을 해야 하는데 물량이 많지 않아서 선뜻 제작해주는 공장이 없었다.

최소 수량인 500장에라도 맞추기 위해 단가를 높였는데, 천 두 장으로 원단을 압축해서 만드는 공정이 만만치 않았다. 이때 그는 옷만 만든 것이 아니라 옷걸이와 박스를 패키지로 제작해 판매하기 시작했다. 옷걸이 역시 옷걸이 제조 전문 공장에서 만든 것이다. 디자인 비용을 제외하고 옷을 제작하는 데만 400만 원이 들었다. 다행히 만든 옷은 전부 판매되어 투자 비용을 만회했다.

입소문을 통해 옷이 알려지면서 에이도그 매장을 찾는 사람들도 덩달아 늘었다. 그전에는 가게를 지나치던 고객들도 문을 열고 들어와 사료를 사갔다. 홍연의 사장은 물건을 사지 않는 고객이라도 개를 데리고 오면 서비스로 간식을 준다. 간식 서

애견 미용숍보다 진열장이 크고
넓은 게 특징이다.

비스를 시작한 뒤 가게에 들르는 손님들이 더 많아졌고, 동네에서 '친절한 애견숍'으로 입소문이 나기 시작했다.

STEP 5. 나만의 고객 관리법

대학에서 미술을 전공한 홍연의 사장은 고객을 위해 강아지 그림을 무료로 그려준다. 개의 어릴 때 모습을 기억해두기 위해서다. 분양받은 개와 함께 그림 선물을 받으면 고객들이 무척 좋아한다고. 분양받은 고객에게는 직접 만든 옷을 선물로 주기도 한다.

온라인에서는 이벤트를 즐겨 하는 편이다. 블로그를 보고 찾아온 고객에게 간식이나 작은 용품을 서비스로 준다. 동네에 있는 가게지만 멀리서도 손님이 찾아올 수 있도록 온라인 고객 관리를 철저히 하려고 한다. 평소에 개 사진과 매장 소식을 주기적으로 올려두고, 개 한 마리가 분양받기까지의 과정을 이야기 형식으로 소개함으로써 고객들에게 신뢰를 주기 위해 노력한다. 분양만 해주고 끝나는 게 아니다. 예방접종과 외모 관리 등 분양 후 서비스도 철저하다. 개를 10년 이상 길러본 직원을 쓰면서 미용과 건강 관리에도 신경 쓰고 있다.

옷가게를 하던 자리여서 인테리어를 크게 손보지 않아도 괜찮았다. 조명이나 바닥재는 그대로 두고, 벽 한 면을 비워서 가게를 홍보하는 공간으로 꾸몄다. 사료 진열장은 폐업한 가게에서 중고로 가져온 것에 천을 씌워서 만들었다. 소파 또한 지인을 통해 저가로 구매한 것. 개집은 손으로 직접 짰다. 조명은 기존 점포에 설치된 것을 그대로 살렸다. 매장 구석에 언제든지 손을 씻을 수 있도록 세면대를 설치했다.

나만의 필살기

철저하게 고객 편의를 중심으로 켄넬 분양을 한다. 켄넬 분양에도 질에 차이가 있는데 에이도그는 20~30년 경력을 가진 브리더들이 순종 교배한 새끼만 분양받고 있다. 국내에 있는 포메라니안과 웰시코기 전문 견사 중에서도 에이도그 스타일과 맞는 브리더와만 일한다. 현재는 경기도 외곽에 있는 약 서너 명의 견사와 일하고 있다. 고객이 분양 신청을 하면 그때 개를 가져오기 때문에 분양 전에는 매장에 풀어놓는 개가 없다. 매장 안에 털이 날리지 않도록 환경을 청결하게 유지하는 비결이다. 또한 분양은 100퍼센트 예약제로만 운영되며 고객과의 신뢰를 중시한다.

펫숍 창업에서 가장 중요한 점은?

종일 가게에서 동물과 씨름해야 하는 직업이다. 만약 일로만 간주한다면 지쳐서 쉽게 떨어져 나갈 것이다. 동물을 사랑하는 마음이 가장 중요하다. 간혹 펫숍 창업을 전적으로 돈벌이 수단으로만 접근하기도 하는데, 이렇게 되면 상대적으로 동물에 소홀해진다. 돈 욕심을 버리고 동물을 사랑하는 마음으로 일하면 자신도 행복해지고 결과적으로 돈도 벌 수 있다.

이런 사람이 창업하라

매장의 운영 시스템을 잘 만들어놓는다면 투잡도 가능하다. 홍연의 사장도 투잡을 한다. 낮에는 인테리어 디자이너로, 저녁에는 매장에서 일한다. 가게를 운영할 마음의 준비는 되었지만, 매출에 자신이 없다면 먼저 투잡으로 일을 병행하는 것도 좋다. 처음에는 투잡을 하다가 매출에 자신이 생길 때 전업으로 삼으면 실패 위험을 줄일 수 있다. 또 창업할 때는 주변 가게와의 관계를 고려해야 한다. 근처에 애견숍이 있다면 먼저 찾아가 사장과 인사를 나누고 친분을 쌓아두면 좋다.

월 매출액: 평균 400~500만 원

임대료: 110만 원

용품 구매비: 30~60만 원

인건비: 75만 원

잡비: 20만 원

월 순수익: 230~290만 원

08

Zools

희귀동물 전문점 | 서울 양천구 줄스

희귀동물은 부가가치와의 승부

- **이름** 줄스
- **위치** 서울 양천구 신정동
- **개업** 2008년 12월 3일
- **보증금** 3000만 원
- **규모** 30평
- **메뉴** 파충류 3~300만 원대, 용품 6000원~30만 원대

줄스는 파충류 같은 희귀동물을 좋아하는 마니아들에게 '이색 애완동물'의 세계를 소개한 곳이다. 2009년 미국에서 주로 수입되던 희귀동물 시장에 아프리카 원산지인 생물을 저가로 공급해 돈을 벌었다. 레오파드 게코 같은 국민 종부터 희귀종 거북이까지 취급하는 줄스는 수입처가 13곳으로 국내 최대 수준이며 취급 동물 수만 100종이 넘는다. 희귀 애완동물 마니아인 줄스의 김동영 사장은 스물세 살의 젊은 사업가다.

김동영 사장은 다섯 살 때부터 파충류 동물을 키웠다. 이구아나, 도마뱀은 물론 앵무새를 종별로 서너 마리씩 기를 정도로 마니아였다. 희귀동물 자료를 검색하는 게 취미였던 그는 구글 검색을 통해 파충류 사육에 관한 정보를 찾다가 한국보다 파충류 분양 시장이 발전한 나라들이 많다는 걸 발견했다. 온라인 동호회 활동을 하며 해외에 있는 파충류 애호가들과 메일을 주고받던 중 국내 희귀동물 분양가가 지나치게 높고 종류가 한정돼 있다는 정보를 얻었다.

희귀동물 판매자와 메일을 주고받던 김동영 사장은 고등학생 때 직접 희귀동물을 팔기 시작했다. 첫 거래로 나이지리아 관상어 30마리를 수입했는데 물고기가 모두 죽은 채로 배송되었다. 물고기를 배송할 때는 한 마리씩 따로 담아서 포장해야 하는데, 한군데에 몰아서 담는 바람에 벌어진 일이다. 그는 수소문 끝에 관세와 항공료를 추가로 지급해 어렵게 같은 종을 구했다. 운 좋게도 1000만 원어치 나이지리아 관상어는 희귀동물 카페를 통해 모두 팔려나갔다. 첫 거래의 손해를 만회하고도 남을 만큼 이익을 얻었다.

김동영 사장은 이렇게 생긴 수익금으로 다시 희귀동물을 사들여 팔았고, 거래처가 점점 커져 유럽과 대만 등 각지에서 물건을 공급받아 국내에 유통했다. '줄스'라는 이름으로 쇼핑몰을 만든 그는 낮에

'국민 도마뱀'으로 불리는 레오파드 게코.

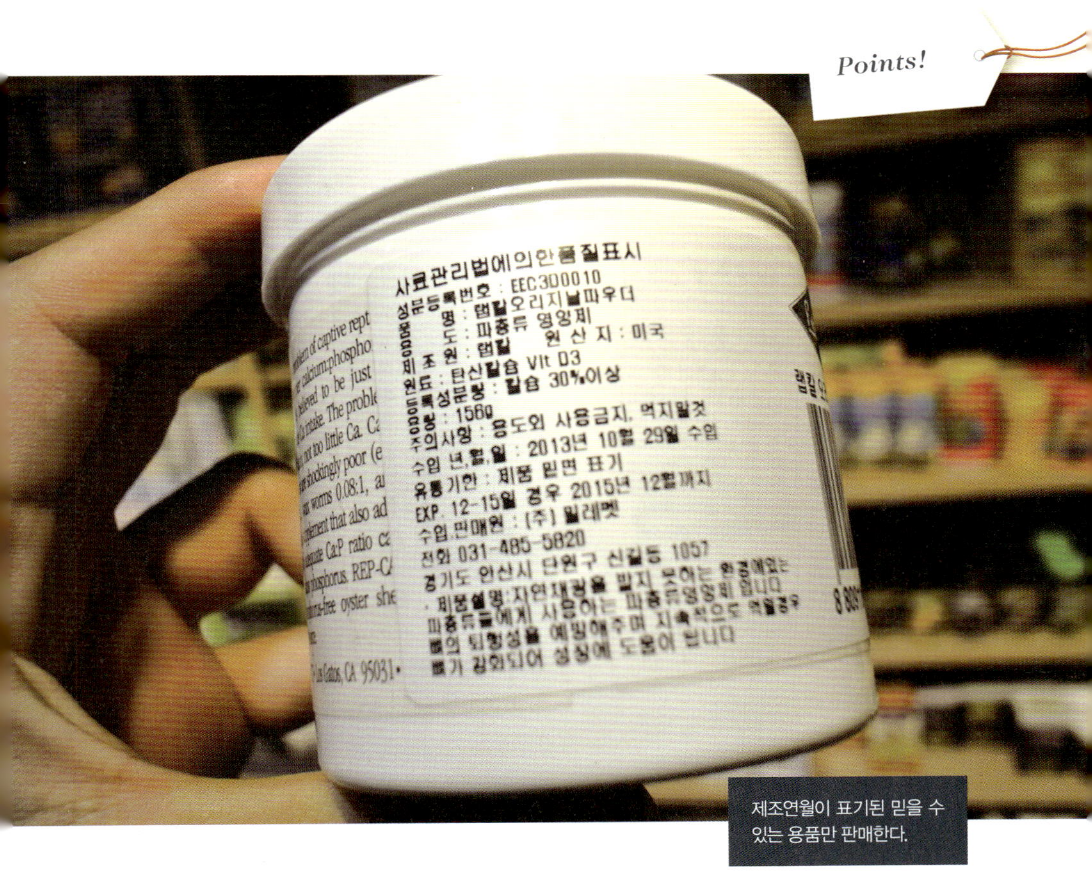
사료관리법에의한품질표시
성분등록번호 : EEC3D0010
품 명 : 렙칼 오리지날 파우더
용 도 : 파충류 영양제
원 조 원 : 렙칼   원 산 지 : 미국
원료 : 탄산칼슘 Vit D3
성분량 : 칼슘 30%이상
용량 : 156g
주의사항 : 용도외 사용금지, 억지말것
수입 년,월,일 : 2013년 10월 29일 수입
유통기한 : 제품 밑면 표기
EXP. 12-15일 경우 2015년 12월까지
수입판매원 : (주) 밀레멧
전화 031-485-5820
경기도 안산시 단원구 신길동 1057
· 제품설명 : 자연재광을 받지 못하는 환경에있는
파충류들에게 사용하는 파충류영양제 입니다
뼈의 퇴형성을 예방해주며 지속적으로 먹일경우
뼈가 강화되어 성장에 도움을 줍니다

Points!

제조연월이 표기된 믿을 수
있는 용품만 판매한다.

Shop

우리 가게 장비 구입 비용은?
전기공사: 150만 원
진열장 제작: 150만 원
바닥 및 벽체 공사: 500만 원
기타 집기 구입: 200만 원
총 1000만 원

는 학교에서 수업을 듣고 저녁에는 배송 업무를 하며 사업을 운영했다. 사업하느라 대학 공부를 미룰 만큼 돈 버는 재미에 푹 빠진 그는 얼마 전 집 근처에 40평 규모의 희귀동물 펫숍을 개업했고 국내 펫숍에 희귀동물을 납품하는 도매업으로까지 사업을 확장했다.

STEP 1. 매장 콘셉트 정하기

희귀동물 펫숍은 입지가 중요하지 않다. 마니아들만 찾기 때문이다. 김동영 사장이 집 근처 지하에 매장을 얻은 이유다. 지상보다는 지하가 온도가 일정해 희귀동물이 자라는 환경으로 알맞다. 지하는 권리금이 없는 것도 장점이다. 근처에 학교가 많아서 소매 고객을 겨냥한 부분도 있다.

김동영 사장은 펫숍에서 가장 중요한 인테리어가 사육장이라고 했다. 외국의 사육장만 보더라도 전문 펫숍의 느낌이 물씬 나지만, 국내에서는 제대로 된 사육장을 만드는 게 만만치 않은 일이다. 사육장에서 사무실 느낌이 나지 않고, 야생의 느낌이 나도록 하려면 파충류 전문점을 다니면서 벤치마킹을 해야 한다.

김동영 사장은 사육장 곳곳을 손으로 직접 만들었다. 그가

검색 자료를 활용하라

희귀동물을 키우면 원서에서 정보를 얻어야 할 때가 자주 있다. 외국 자료를 보다 보면 자연스럽게 영어 실력도 는다. 또 외국에 있는 판매자들과 소통하려면 거래 용어를 잘 알아야 한다. 김동영 사장은 나이지리아와 아프라카에서 물건을 수입할 때, 얼굴을 보지 않은 상태에서 거래하다가 용어를 잘 몰라서 사기를 당한 적이 있다. 평소 자료를 꾸준히 찾아보고 공부하는 것이 펫숍 운영에서 중요한 부분이다.

매장 콘셉트를 정할 때 가장 많이 참고한 건 외국 판매업자들의 조언이다. 우리보다 펫숍 문화가 앞서 있기 때문에 진열장 색깔이나 재질까지 세세하게 상의한 뒤 만들었다. 직접 만든 선반은 기성품보다 마감 처리가 어설프긴 하지만 기성품보다 튼튼한 게 장점이다.

STEP 2. 상품 및 매출 관리법

줄스는 처음에 물고기와 개구리 같은 양서류를 취급했다. 색이 화려하고 번식이 잘되는 리드프록은 마리당 1만 원대 중반에 들여와 2~3만 원을 받고 팔았다. 리드프록이 잘 알려지지 않았을 때 재빨리 수입해 동호회에서 큰 호응을 얻었다. 매입 기간이 짧은 건 김동영 사장이 일찍부터 다양한 해외 판매자를 확보한 덕분이다. 그가 물고기와 개구리를 주력으로 취급한 이유는 단가가 저렴할 뿐만 아니라 아프리카에서 자란 야생 개체가 희귀해 국내에서 쉽게 구할 수 없기 때문이다.

요즘은 매장 안에서도 다양한 종류를 취급한다. 주류 종과 비주류 종으로 나뉘는데 레오파드 게코 등 도마뱀류가 판매량이 가장 많고, 거북이 같은 단가가 비싼 품목은 주로 마니아들 몇몇을 상대로 영업한다. 초창기에는 야생 개체를 수입하는 사람이 드물어서 원가의 80퍼센트까지 마진을 붙여서 팔기도 했다. 소비자가격이 높은데도 일단 수입하면

희귀동물 전문점 | 서울 양천구 중심

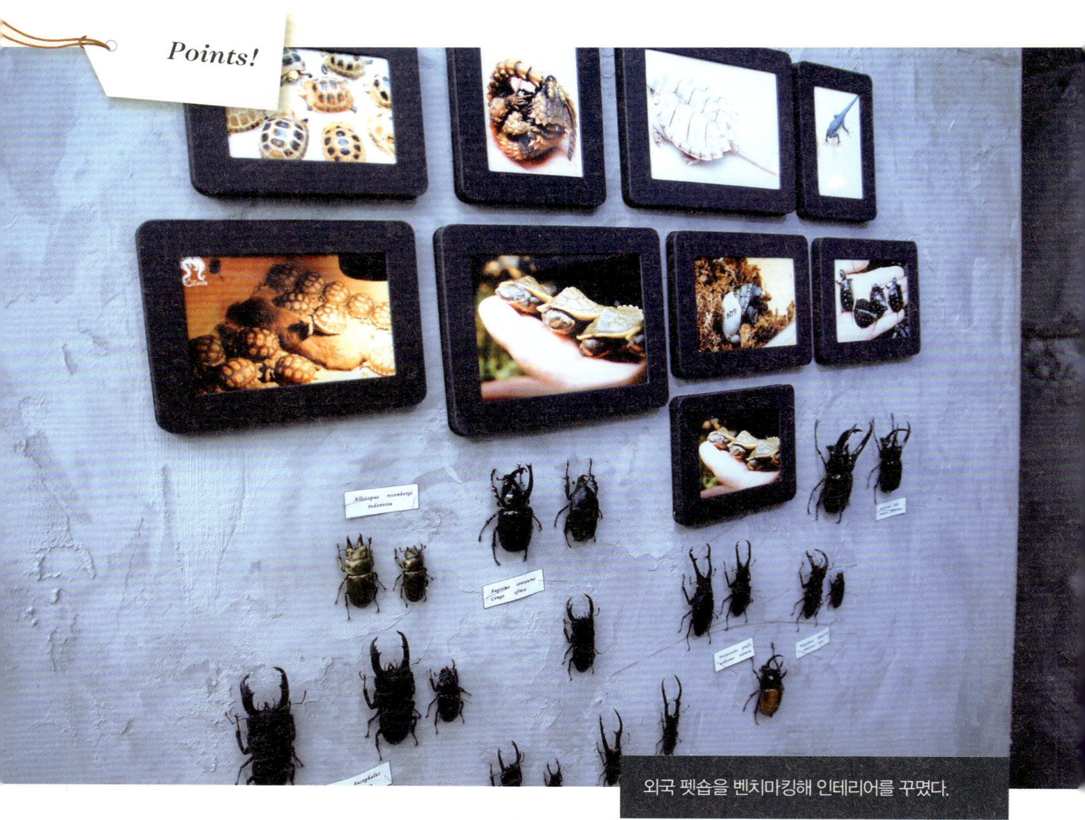

외국 펫숍을 벤치마킹해 인테리어를 꾸몄다.

보름 안에 모두 팔릴 만큼 인기가 좋다. 생물은 정해진 가격표 없이 업체 간 경쟁으로 조율되기 때문에 사장이 값을 정하기 나름이다. 줄스의 경우 평균적으로 원가의 두세 배로 소비자가격이 책정된다. 5000원에 들여온 개구리는 1만 원에서 2만 원 사이에 거래된다.

STEP 3. 내가 겪은 시행착오

> **생물 분양과 용품 판매를 병행하라**
>
> 펫숍 사장 중에는 생물 분양만 하고 용품을 취급하지 않는 사장도 있다. 하지만 김동영 사장은 반드시 용품 판매를 병행하라고 권한다. 희귀동물을 수입해 분양 사업을 하다 보면 통관 문제로 물건을 기다리는 시기가 있는데, 매출이 없는 때를 만회하기 위해서 용품 판매를 병행할 필요가 있다. 상품별로 구색을 다 갖출 필요는 없으며 고객에게 꼭 필요한 기본 용품만 있으면 된다.

외국 판매업자와 거래하다 보면 사기를 당하는 경우가 빈번하다. 돈을 받고 일방적으로 연락을 끊는 업자도 있다. 직접 만나서 얼굴을 보고 거래하는 게 아닌, 해외에 있는 사업자와의 거래라서 불안전한 요소가 많다. 김동영 사장 역시 사기를 당해서 손해를 본 돈만 2000만 원이 넘는다. 온라인 현금 결제의 단점을 보완하려고 페이팔 Paypal 같은 결제 시스템을 이용하기도 하지만 국제 사기를 막는 데 큰 도움이 되지 않는다.

새로운 판매처를 구하는 처지에서 소액 사기를 당하는 건 불가피한 일이기도 하다. 믿을 만한 거래처에서 소개를 받아도 생물을 늦게 보내거나, 질이 떨어지는 생물을 보내 문제가 생기기도 한다. 김동영 사장은 골치 아픈 해외 업자들을 오랫동안 상대한 경험 때문인지 국내 업자들을 상대할 때는 문제가 생

줄스에서 판매 중인 킴 벌리 레드페이스 터틀 암컷 완성체.

길 일이 별로 없다고 한다. 경영에 관한 책을 꾸준히 읽고 시장조사를 하며, 시간이 날 때마다 구글 정보 검색으로 생물 공부를 하는 게 시행착오를 줄이는 비결이다.

STEP 4. 홍보·마케팅 비법

희귀동물 펫숍은 마니아를 상대로 장사하기 때문에 광고 효과는 기대만큼 크지 않다. 줄스는 인터넷 카페를 통해 알려져 블로그를 방문한 사람이 단골로 자리 잡은 경우가 많다. 광고나 홍보보다는 쇼핑몰을 신경 써서 만드는 것이 더 중요하다. 희귀동물 펫숍은 생물을 취급한다는 이유로 시설이나 쇼핑몰 디자인에 신경을 못 쓰는 경우가 많지만, 줄스는 블로그와 쇼핑몰 고급화 전략으로 고객에게 브랜드를 홍보하고 있다.

김동영 사장은 생물을 분양한 뒤 폐사했을 때 2회까지 무상으로 교환해준다. 생물 관리를 철저히 하면 폐사 확률이 거의 없지만, 고객을 VIP 대우하고 있다는 점을 강조하기 위해서다. 김동영 사장은 도매로 생물을 공급할 펫숍을 찾기 위해 다른 도매업자보다 가격을 10퍼센트 이상 낮추고, 청계천 상가를 찾아다니면서 거래처를 뚫었다. 가격을 낮췄기 때문에 희귀동물 도매업계에서 다른 도매업자들에게 비판을 받기도 했지만, 상도에 어긋나는 일은 아니라고 한다.

조명 하나 역시 매장 분위기를
좌우하는 변수다.

STEP 5. 나만의 고객 관리법

줄스는 주로 도매업체와만 거래해왔다. 소매 고객이 아예 없는 건 아니지만 주된 영업 대상은 아니다. 하지만 최근에는 희귀동물을 찾는 개인이 점점 많아짐에 따라 소매와 도매를 병행하여 매출 향상을 꾀하고 있다.

블로그를 통해 쇼핑몰을 꾸준히 홍보하며 어느 가게보다 더 고객에게 친절하게 응대하는 것도 남다른 노하우다. 사소한 댓글에도 답변을 적고 고객에게 필요한 정보를 열심히 찾아주기도 하는 게 단골을 만드는 그만의 방법이다.

VENY'S
Turtle-Pier
• Floats at water level
• Great for turtles, frogs,
newts and salamanders
Quai flottant pour
tortues aquatiques
Muelle flotante para
tortugas acuáticas

SAND MAT
Substrate
MAT

나만의 필살기

희귀 애완동물이 알려지지 않았을 때부터 카페를 통해 단골을 확보했다. 판로가 좁은 시장에서는 가장 먼저 사업을 시작한 사람이 유리하다. 줄스는 큰 규모로 생물을 수입했고, 용품 수입도 병행했기 때문에 자연스럽게 고정 매출이 생겼다. 현재는 미국과 대만, 홍콩 등지에서 희귀 애완동물 100여 종을 수입해 안정적인 판로를 확보한 상태다.

돈이 되는 생물이라고 해서 무조건 수입하면 안 팔린다. 시장조사를 통해 사람들이 어떤 종류의 희귀동물을 좋아하는지 파악해야 한다. 블로그나 카페 등의 활동을 꾸준히 하면서 마니아들의 반응을 관찰한다. 김동영 사장 역시 단가가 400만 원을 훌쩍 넘는 오네이드, 다이아, 테라핀 등의 거북이를 분양할 때 수요 조사를 통해 재고를 전량 판매할 수 있었다. 마니아들을 공략해 소장 가치가 있는 생물을 사들이는 것도 방법이다. 공급이 워낙 적어서 구하기 어려운 종은 도매가가 떨어지지 않는다.

줄스는 고가 생물을 팔기 위해 펫숍을 고급스러운 이미지로 구축했다. 단가가 저렴한 생물만 취급하는 펫숍에서는 고급 종을 판매하기 어렵지만, 펫숍 이미지가 고급스러우면 고급 종을 전략적으로 판매할 수 있다. 줄스에서 국내 최초로 수입한 알다브라 육지거북은 250만 원으로 소매가가 높지만 줄스라는 브랜드 덕분에 판매량 또한 높았다. 끊임없이 새로운 종을 찾기 위해 해외 판매자와 교류하는 것이 줄스만의 경쟁력이다.

펫숍 창업에서 가장 중요한 점은?

희귀동물 전문점은 생물이 아닌 정보를 판다는 말이 있다. 그만큼 정보력이 중요한 업종이다. 우선 소비자보다 생물 정보를 많이 알아야 하고, 수요를 만들어내기 위해서는 고객이 잘 모르는 생물을 파는 게 유리하다. 고객이 좋아하는 생물은 무엇인지 예측할 수 있는 능력도 필요하다. 희귀동물 펫숍은 위험 요소가 많고 스트레스를 많이 받는 업종이다. 타 업종에 비하면 시장 규모도 크지 않은 편이다. 희귀동물을 좋아하고 유행의 흐름에 관계없이 일 자체를 좋아한다면 꾸준히 오래 일할 수 있다.

이런 사람이 창업하라

성격이 꼼꼼한 사람에게 어울리는 일이다. 생물 관리를 잘못해 생물이 죽으면 매출에 큰 타격을 받는다. 희귀동물을 좋아하는 마니아일수록 유리하며, 각 생물의 특성을 정확히 파악하는 능력도 필요하다. 흔히 희귀동물은 남자에게 어울리는 일이라고 생각하지만 남녀 어느 한 쪽이 더 유리한 분야는 아니다. 오히려 여자들이 더 세심히 동물을 다루거나 영업 수완을 발휘할 수도 있다.

월 매출액: 2500만 원
임대료: 70만 원
매입비: 1500만 원
인건비: 100만 원(직원 1명)
잡비: 100만 원
월 순수익: 300만 원

Part

실전에서
바로 써먹는
알짜배기
창업 수칙

01

펫 비즈니스의
모든 것

펫숍은 애완동물만 전문적으로 취급하는 가게를 말한다. 국내에서는 애완동물 분양뿐 아니라 미용 서비스, 호텔, 사료 및 용품 판매를 병행하는 매장을 지칭하는 말이다. 아직은 펫숍이라는 말에서 애견숍을 떠올리는 사람들이 많지만 펫숍은 애완견이나 고양이뿐만 아니라 새, 거북이, 토끼, 열대어 등 각종 희귀동물까지 취급하는 가게다. 최근에는 도마뱀이나 거미 같은 파충류만 전문적으로 취급하는 펫숍이 등장하기도 했다.

애완동물은 사람의 외로움을 달래주는 가족과 같은 존재다.

인간이 사육할 수 있는 동물이라면 모두 펫숍에서 다룰 수 있다. 그동안은 펫숍이 주로 애완견을 기르는 마니아들에게만 알려졌다면, 최근에는 애완동물을 평생의 반려동물로 여기는 사람들이 많아 펫숍의 위상도 달라졌다. 시각장애인을 안내하는 안내견처럼 사람에게 직접 도움을 주는 동물은 물론, 사람의 외로움을 달래주는 가족처럼 따뜻한 존재가 바로 애완동물이다.

한국보다 애완동물 문화가 발달한 일본에서는 일찍이 애완동물을 가족으로 인식하고, 애완동물의 편의를 돕는 각종 산업이 발달해왔다. 애완동물 전용 음식을 비롯해 애완동물 보

우리나라는 1990년대부터 애견산업이 시작돼 매년 10~15퍼센트 성장세를 보이고 있다.

험, 산책 대행 서비스까지 등장해 애완동물 산업에 종사하는
인구도 대단히 많다.

펫 비즈니스의 등장

펫 산업이 발달하게 된 과정을 살펴보자. 펫 산업의 성장은 사
회 분위기와 밀접한 관련이 있다. 독신자가 늘고 핵가족화와
고령화 추세로 1인 가구가 늘면 애완동물 산업이 자연스럽게
발전한다. 우리보다 먼저 1인 가구 시대를 맞은 일본이나 미국
에서는 일찍이 애완동물 산업이 형성되었다. 미국의 애완동물
시장은 2003년 기준으로 약 340억 달러로 세계 최대 규모를 자
랑한다.

애완동물 시장은 국민소득이 6000~8000달러가 되면 싹튼다. 이후 1만 달러대부터 산업이 성장하는 속도가 붙기 시작해 2만 달러대에는 장묘 사업까지 발달하고 2만 5000달러대에는 반려동물에게 유산을 물려주는 대행 서비스가 등장한다.

미국은 전체 인구 중 절반이 넘는 가정에서 애완동물을 두 마리 이상 키우고 있으며, 애완견 소유주 중 80퍼센트 이상이 애완동물 액세서리를 구매한다. 애완동물 패션사업 규모만도 5000만 달러에 이른다. 미국인들은 애완동물에 재킷과 모자 등을 입히면서 자기만족을 얻는다. 애완동물을 전문적으로 돌봐주는 직업인 펫 시터Pet Sitter도 등장했다.

일본 역시 애완동물 시장이 1조 2000엔 규모로 관련 산업이 큰 폭으로 성장하는 추세다. 우리나라는 1990년대부터 애견산업이 시작돼 이후 매년 10~15퍼센트 성장세를 보이며 다양한 사업 영역이 생겨났다. 펫 호텔을 비롯해 동물병원, 미용실 등이 곳곳에 들어서는 등 펫 산업이 성장기에 접어들었다.

한국의 펫 비즈니스 현황

국내 펫 산업은 1940년에 일본에서부터 도입돼 1960년에 정착했다. 1995년 국민소득이 1만 달러에 근접했을 때부터 반려동물 산업이 본격적으로 성장하기 시작했다. 외환위기 때 주춤

어떤 사람이 펫숍 창업에 적합할까?

펫숍은 일이 많다. 애완동물을 씻기는 것부터 청소, 먹이 주기, 재고 정리 등 매장 관리를 반복해야 한다. 가만히 앉아서 동물을 돌봐주기만 하면 되는 일이 아니다. 이 때문에 펫숍을 창업하려는 사람에게는 강한 체력이 필수다. 또 자신이 아이템으로 삼은 동물에 대해서는 전문가 못지않은 지식이 필요하다. 애완동물을 오랫동안 키운 경험이 있다면, 실전에서 쌓은 지식을 펫숍 창업에 노하우로 써먹을 수 있다. 다양한 고객에게 웃으며 응대할 수 있는 서비스 정신도 필수다. 사람을 좋아하는 성격도 중요하지만 그보다 인내심과 끈기가 강해야 한다. 목표가 뚜렷하고 자신이 감당할 수 있는 범위 내에서 창업할 수 있는 사람이 적합하다.

하긴 했지만 2002년 한일월드컵을 기점으로 국민소득이 1만 달러를 추월하자 국내 반려동물 시장 규모도 커졌다. 업계에서는 현재 우리나라의 연간 반려동물 시장 규모를 2조 원 내외로 추산한다. 우리나라는 전 세계에서 고령화 속도가 가장 빠르고, 더불어 핵가족화도 빠르게 진행되면서 펫 시장 규모가 급격히 커지고 있다.

업계 통계를 따르면 우리나라 전체 인구 중 10퍼센트가 애완동물을 보유하고 있으며, 애완동물 한 마리당 소비자들의 실질 구매력은 월평균 40~50만 원으로 산출한다. 애완동물 중에서도 개와 고양이를 키우는 인구가 많아 전국에 동물병원과 애견 미용실도 급증했다. 한국애견협회 추산으로는 현재 애완견과 관련된 업체만 4000여 개 이상으로 집계된다. 업종별로 살펴보면 애견 사료 판매업이 50퍼센트 이상을 차지하고 있으며 미용과 병원이 20퍼센트, 애견 분양과 훈련이 10퍼센트 순이다.

애완동물을 키우는 인구가 늘면서 펫 시장은 점차 성장하는 동시에 세분화되는 추세다. 희귀동물 전문점, 수제 간식 전문점, 애완용품 전문점이 등장했으며 인터넷 쇼핑몰을 통해서 애완동물 관련 사업을 하는 이들도 많다.

어떤 펫숍을 창업할까?

애완동물 관련 업종은 사료 판매, 병원, 호텔, 미용실 등으로 점차 다양해지고 있다. 통상 펫숍이라고 부르긴 하지만 저마다 다른 특성으로 펫 산업에서 수익을 창출한다.

희귀동물 펫숍인 대전의 밀림펫.

펫숍

펫숍은 애완견이나 고양이, 희귀동물 등을 분양하면서 미용 서비스와 용품 판매까지 하는 가게를 말한다. 최근에는 애완동물 미용에서부터 목욕, 발톱 깎아주기, 이빨 클리닉, 스파 서비스 등이 도입돼 펫의 컨디션 관리까지 해주는 게 일반적이다. 펫숍의 주요 수익원은 분양이며, 분양과 동시에 용품 판매, 미용 서비스를 곁들여 추가 수익을 올릴 수 있다. 아직 국내에 있는 펫숍은 애견숍이 대부분을 차지하지만 앵무새, 도마뱀, 거북이 등 애완동물 분야가 다양해지면서 펫숍의 종류도 느는 추세다.

동물병원

동물병원은 애완동물의 일상적인 진료와 함께 투약, 백신접종, 수술 등을 하는 의료기관이다. 수의사가 근무하며 애완동물의 질병을 예방하고 치료하는 일을 전문적으로 한다. 최근에는 동물병원에서도 미용 서비스나 호텔 서비스를 제공하는 곳이 많아졌다.

로드숍 동물병원.

화장 서비스

화장 서비스는 애완동물이 죽었을 때 화장이나 매장을 해주는 서비스로 미국에서 먼저 발달했다. 애완동물 소유주는 애완동물이 죽으면 병원에 매장을 맡기는데, 대행업체에서 병원을 대신해 화장과 매장 서비스를 제공한다. 이 같은 업체를 반려동물 장례업체라고 부른다. 반려동물이 죽으면 장례 상담을 해주고 절차와 발인, 운구 등을 대행해주는 서비스를 제공한다. 애완동물을 납골당에 안치하거나 유골함을 제작해주는 일도 반려동물 장례업체에서 맡고 있다. 일본에서는 이미 반려동물 장례산업이 호황을 누리고 있으며 우리나라 역시 애완견 장례업체가 늘고 있다.

호텔 서비스

소유주가 장기간 집을 비울 때 애완동물을 맡아주는 서비스다. 호텔 서비스에는 사료 먹이기, 발톱 깎아주기, 산책시키기 등이 포함된다. 경우에 따라서 미용 서비스를 같이 하는 곳도 있다. 호텔 서비스만 전문으로 하는 펫숍은 없지만 일반적으로 펫숍에서 호텔 서비스를 같이 한다. 도우미가 집에서 개를 대신 돌봐주는 펫 시터 역시 호텔 서비스의 일종이다.

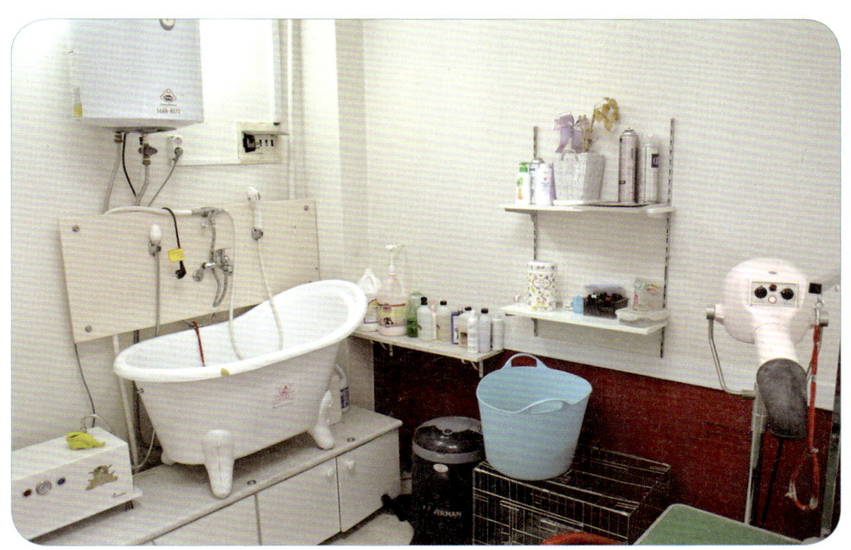

애견 미용실의 내부.

애완동물 건강보험

애완동물 보험은 애완동물의 질병을 예방하고, 치료비 증가와 애완동물 관련 배상책임 등을 막기 위한 것으로 현재 미국과 영국 등에서 매년 시장이 성장하고 있는 분야다. 영국은 2005년 애완동물 보험의 연간 보험료가 2946억 원이며 가구당 가입률이 22퍼센트에 달한다. 우리나라에서도 2008년 동물보호법 개정안 시행을 계기로 애완동물 보험의 필요성이 커지고 있다.

핵 / 심 / 포 / 인 / 트 / 요 / 약

국민소득이 6000~8000달러가 넘어서면 애완동물 시장이 형성되기 시작한다. 한국애견협회 추산으로는 현재 국내에서 애완견과 관련된 업체만 4000여 개 이상으로 집계된다. 업종별로 살펴보면 애견 사료 판매업이 50퍼센트 이상을 차지하고 있으며, 미용실과 병원이 20퍼센트, 애견 분양과 훈련이 10퍼센트 순이다. 애완동물 관련 업종은 사료 판매, 병원, 호텔, 미용실 등으로 점차 다양해지고 있다. 모두 다 펫숍이라고 부르긴 하지만 저마다 다른 특성으로 펫 산업에서 수익을 창출하고 있다.

02

펫 관련
자격증 취득하기

애완동물을 다루는 일은 특수한 분야다. 동물을 다루는 기술을 검증받으려면 공인 자격증이 필요하다. 자격증이 있어야만 펫숍을 창업할 수 있는 건 아니지만 전문성을 살리려면 자격증을 취득하는 게 좋다. 자격증은 펫숍에 취업할 때도 유용하다. 펫숍 창업과 연관된 자격증은 어떤 것들이 있는지 살펴보자.

반려동물 관리사

반려동물 관리사는 애완동물 사육은 물론 질병 예방 및 관리를 전문적으로 하는 사람이다. 반려동물 관리사에는 동물을 사랑하는 마음은 물론이고, 인내심과 책임감을 갖춘 사람이 적합하다. 애완동물이 사람과 조화롭게 지내도록 교육하는 반려동물 관리사는 동물 매매나 거래 중개를 할 수 있는 권한을 가진다. 분양 시 건강검진 확인서와 약관에 따라 분양함으로써 거래 당사자들 간의 분쟁을 방지하는 역할도 한다.

애완동물 분양 사업을 하려면 반려동물 관리사 자격을 갖추고 있으면 좋다. 아직 국가공인 자격시험은 없고 민간 자격시험이 시행 중이다. 국내 대학 중 김천대학, 구미대학, 순천제일대

애완동물 분양 사업을 하려면 반려동물 관리사 자격을 갖추고 있으면 좋다.

학, 혜천대학, 대경대학 등에 애완동물 관련 학과가 있다.

반려동물 관리사는 자격기본법 제17조에 의거해 자격 검정 과정에 최종 합격해야만 취득할 수 있다. 1차 시험은 각 과목 100점 만점에서 40점 이상, 전 과목 평균 60점 이상 득점한 자를 합격자로 하며, 2차 시험은 1차 시험 합격자에 대한 실무교육으로 대체된다.

자격증 취득이 곧바로 전문가로 인정받는다는 뜻은 아니며, 실제 펫숍에서 분양이나 매매, 호텔 서비스 등의 업무를 처리하려면 실전 경험을 쌓아야 한다.

애완동물 산업이 성장함에 따라 반려동물 관리사에 대한 수요가 갈수록 늘고 있다. 아직 잘 알려진 자격증이 아닌 만큼, 미래를 준비하는 차원에서 취득해두면 좋다.

애완동물 미용사

애완동물 미용사는 개나 고양이 등 애완동물에 전문 지식을 가지고 있으며 미용을 책임지는 사람이다. 펫숍에 동물을 맡기는 사람들이 늘면서 전문 직업으로 주목받기 시작했다. 애완동물 미용사는 주로 애견 미용실, 동물병원 등에서 일한다. 미용만 전문적으로 하는 펫숍은 드물며 호텔과 미용 서비스를 병행하는 곳이 많다.

애완동물 미용은 수익률이 높고 부가적으로 호텔 서비스와 용품 구매 등을 이끌어내기 때문에 펫숍 창업에서도 핵심적인

부분이다. 애견숍에서 일한다면 기본적으
로 애견 미용사 자격증을 취득해야 한다.

개는 애완동물 중에서도 미용 서비스를
가장 많이 하는 동물이다. 고양이는 커트
가 아닌 목욕이나 스파 서비스를 받는다.
애완동물 미용사는 고객이 오면 상담을
거쳐 커트 모양을 결정하는데 이때 애완
동물의 털 상태를 보고 건강하지 않은 상
태라고 판단하면 동물병원으로 연결해주
기도 한다. 작업할 때는 애완동물의 털을
자르고 다듬어준 다음 빗으로 손질한 뒤

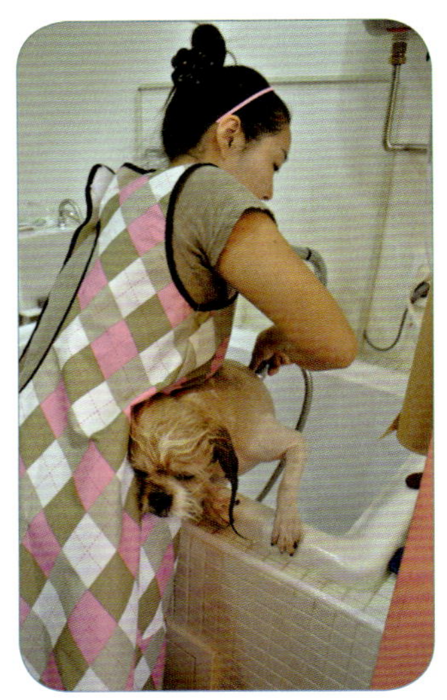
애완견을 목욕시키는 모습.

목욕하는 순서가 일반적이다. 목욕이 끝난 후에는 수건으로
물기를 닦고 드라이로 말린 뒤 귀 청소와 발톱 깎아주기, 머리
묶기 등 꾸미기 작업을 한다. 목욕할 때 스파 서비스를 병행하
는 애견숍도 있다. 개를 전신 미용하는 것을 트리밍Triming 커팅
이라고 하는데, 보통 십여 가지 커트법으로 나뉘며 견종에 따
라 수백 가지 커트로도 나눌 수도 있다.

애완동물 미용사 자격은 학력이나 나이 제한이 따로 없다.
민간 자격증인 한국애완동물보호협회에서 발급하는 공인 트
리머 자격증과 한국애견협회에서 실시하는 공인 애견 미용사
자격증이 있다. 애견 미용학원에서 6개월에서 1년간의 교육 과
정을 이수한 뒤 2~3급 자격증을 시험 취득할 수 있으며 2급

애견숍에서 근무하는 애견 미용사는 하루 평균 네댓 마리의 개를 미용한다. 보통 한 마리를 손질하는 데 한 시간 반에서 두 시간이 걸린다. 애완동물 관리사는 대부분 실내에서 마스크와 앞치마를 착용하고 일하는데 장시간 서 있어야 하므로 어깨와 허리에 무리가 가지 않도록 주의해야 한다.

자격증 취득 후 1년 동안 실무 경력을 쌓으면 1급 자격증 시험에 응시할 수 있다. 오랫동안 개를 다뤄본 경험이 풍부하고 도그쇼 등에서 경력을 쌓으면 사범이나 강사 자격을 취득할 수도 있다.

애완동물 미용사가 되려면 동물 상태를 잘 파악하기 위한 전문 지식을 갖추고 있어야 한다. 핸들러 자격이 있다면 훨씬 유리하다. 견종마다 다른 외모의 특성과 장점을 파악하고, 장점을 잘 살려줄 수 있는 감각이 중요하다. 애완견을 키우는 인구가 늘어남에 따라 앞으로도 애완동물 미용사를 찾는 수요가 꾸준하게 늘어날 것으로 예측한다.

애견 훈련사

애견 훈련사는 개에 관한 전문 지식을 바탕으로 경찰견, 사역견, 맹인 안내견 등으로 개를 조련할 수 있는 사람이다. 고객이 요청하면 위탁 기간에 반려견의 관리와 훈련을 전적으로 담당한다.

가정에서 키우는 반려견은 보통 3~6개월 동안 산책 훈련, 배변 훈련, 공격성 훈련 등의 프로그램을 진행하며 애견 훈련사 한 명이 최대 20~30마리까지 훈련하기도 한다.

애견 훈련사는 학력 제한이 따로 없으며 현장에서 일하며 경력을 쌓는다. (사)한국애견연맹과 (사)한국애견협회에서 발급하는 자격증을 취득하면 더 유리하다. 자격증은 1~3등급으로 나뉘며 3등 훈련사는 1년간의 실무 경험이 있어야만 응시할 수 있다.

시험은 필기시험과 실기시험으로 나뉘며 필기시험은 훈련, 번식, 심사 등 20과목을 실시한다. 실기시험은 필기시험보다 까다롭다. 3등 훈련사는 훈련받은 개 세 마리에 대한 복종 훈련과 한 마리에 대한 기본 훈련을 하고, 2등 훈련사는 세 마리에 대한 복종 훈련과 한 마리에 대한 고단계 훈련을 한다. 1등 훈련사는 고도의 방위 훈련을 받은 개 다섯 마리와 경찰견 훈련 과정 테스트를 통과해야만 자격을 취득할 수 있다.

훈련소에는 애견 수십 마리가 함께 있기 때문에 훈련견들의 생활과 교육, 훈련을 동시에 진행해야 하는 어려움이 있다. 또 개의 눈높이에 맞춰 앉았다 일어서기를 반복해야 하므로 체력 소모가 크다. 노동 강도가 세고 스트레스도 만만치 않기 때문에 강한 인내심과 끈기를 갖춘 사람이 적합하다. 애완견이 심리적으로 불안해할 때 이를 제어하고, 고객의 요구를 들어줄 수 있어야 한다.

핸들러

핸들러는 개를 훈련해 도그쇼에 출전시키는 트레이너다. 애견이 소화할 수 있는 다양한 기술을 가르치고, 개의 능력이 100퍼센트 발휘되도록 훈련하는 사람이다. 도그쇼에서는 핸들러가 애견과 한몸이 되어 팀워크를 이루는 과정을 평가한다. 핸들러가 소형견과 대형견을 번갈아 운영하는 방식으로 시험이 치러진다. 애견과 핸들러 간의 교감과 애견을 움직이는 쇼 매너 기술이 주요 평가 대상이다. 미용학원에서 정식으로 핸들러 교육을 받거나 도그쇼에서 실전 경험을 쌓으면 프로 핸들러로 인정한다. 프로 핸들러로 인정받으면 고급 종을 키우는 견주들이 개를 맡기기도 한다.

도그쇼에 참가한 핸들러.

창업 아이템으로 딱 맞는 애완동물은?

애완동물은 저마다 특색과 사육 환경이 다르므로 모든 애완동물에게 적용되는 사육법은 없다. 애완동물을 고를 때는 자신이 관심 있고 키워본 경험이 있으며 고객에게 분양했을 때도 무리 없이 관리될 수 있는 아이템을 선택하는 게 좋다.

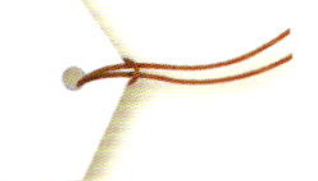

2014년 여성가족부 국비지원 무료 직업교육훈련 과정 중 '애견토탈매니저' 과정이 있다. 과정을 수료한 후에는 애견숍, 애견카페, 애견마트, 동물병원 등 애견과 관련된 직종에 취업하거나 창업할 수 있다. 3월부터 11월 기간에 운영되며, 여성가족부 산하 해당 지역 센터(대표번호 1544-1199)를 통해 신청한다.

개와 고양이

개와 고양이는 평균수명이 10~15년으로 다른 애완동물에 비해 수명이 짧다. 사람들이 개와 고양이를 애완동물로 선택하는 이유는 사람을 잘 따르고, 사람을 닮은 부분이 많기 때문이다. 개와 고양이는 애완동물을 키우는 사람과 환경에 따라 사육 수준이 달라진다. 오랫동안 개와 고양이를 길러본 경험이 있다면 펫숍 아이템으로 삼기에 무난하다.

견종별로 고객에게 맞는 사육 방법을 권하려면 창업 이후에도 꾸준한 공부가 필요하다. 고객이 실내에서 개를 기른다면 말티즈 같은 소형견을, 아파트나 연립이라면 비글을 권해주는 식으로 조언해준다. 고객이 원하는 견종이라고 해도 개를 키우기에 알맞지 않은 환경이라면 이를 만류하는 것도 펫숍 사업주의 몫이다. 실제 사육을 해보지 않은 고객에게도 적합한 개를 분양·관리해줄 수 있는 역량이 필요하다.

앵무새

앵무새는 단가가 100만 원을 호가하는 고급 종이 있을 정도로 수익성이 큰 동물이다. 현재 국내에는 앵무새를 미국 등에서 수입해 파는 업자들이 있지만 앵무새가 예민한 동물이다 보니 수입 과정에서 폐사하는 경우가 많다. 수요와 비교하면 공급이 부족한 편. 이 때문에 국내 교배를 통해서 앵무새 농장을 운영하는 사업자들이 늘고 있다. 앵무새는 수명이 상대적으로 긴 편인데 한 가정에서 두세 마리씩 키우는 경우도 많다. 앵무새 분양의 장점은 교배 기술만 확실히 갖춘다면 안정적인 수익을 확보할 수 있다는 것. 하지만 국내에서 교배해도 그 과정에서 앵무새가 죽을 확률이 높고, 초기 투자비용이 많이 든다는 단점이 있다.

고슴도치

야행성 동물인 고슴도치는 애완동물을 좋아하는 직장인들에게 특히 인기다. 관리가 쉽고 사룟값이 많이 들지 않는 데다 한 번 주인에게 길들면 사람을 잘 따르기 때문이다. 또한 고슴도치는 사육과 관련된 용품이 많아서 펫숍에서의 용품 매출 비중도 크다. 1년에 새끼를 네 번 정도 낳을 수 있어 교배 기술만 익힌다면 분양 사업에서 꽤 쏠쏠한 매출을 올릴 수 있다.

희귀동물(거미, 도마뱀 등)

희귀동물은 주로 도마뱀이나 거북이 등 파충류 과에 속하는 동물이다. 희귀동물은 넓은 공간에 사육장을 만들고 고온에서 관리해야 하므로 주변 환경의 영향을 크게 받는다. 보통 40평대 이상 규모의 대형 펫숍에서 취급하는 품목이며 생물 종 수가 다양할수록 유리하다. 희귀동물은 마릿수당 마진율이 높아 사업자들이 많이 생겨 경쟁이 심하다. 하지만 해외에서 직수입하는 판로를 확보할 수만 있다면 다른 사업자들이 손대지 않은 희귀동물을 들여와 판매하여 매출을 올릴 수도 있다. 사업 규모가 큰 만큼 각양각색의 파충류를 관리하기 때문에 손이 많이 가고 직원을 여러 명 고용해야 하는 경우가 많다.

희귀동물은 수입이 까다로운만큼 수익률이 높은 편이다.

1. 자격증이 있어야만 펫숍을 창업할 수 있는 건 아니지만 전문성을 살리기 위해서는 자격증을 취득하는 게 좋다. 애완동물 사육은 물론 질병 예방 및 관리를 전문적으로 하는 반려동물 관리사는 민간 자격시험이 시행 중이다. 미용을 담당하는 애완동물 미용사는 애견숍을 창업할 때 유용하며, 한국애견협회에서 실시하는 공인 애견미용사 자격증을 취득하면 된다.

2. 애완동물을 고를 때는 자신이 관심 있고 키워본 경험이 있는 아이템, 고객에게 분양했을 때도 관리가 잘될 수 있는 아이템을 선택하는 게 좋다. 펫숍 아이템으로 적합한 동물로는 고양이, 앵무새, 고슴도치, 희귀동물 등이 있다.

03

나에게 꼭 맞는
펫숍 유형 찾기

펫숍 창업의 성공은 애완동물의 종류에 따라 좌우되기도 하지만 어떤 형태로 창업할 것인지가 더 중요한 요소이다. 펫숍에서 취급할 수 있는 아이템은 무궁무진하고 저마다 전문성이 필요한 분야이기에 사업을 시작하기 전에 충분히 검토해 성공 가능성을 타진해야 한다.

펫숍에서 취급할 아이템은 신중하게 골라야 한다.

　단가가 높고 마진율이 높다는 이유만으로 펫숍에서 취급할 애완동물을 고르면 안 된다. 펫숍은 주변 상점과의 조화도 고려해야 한다. 마진율이 높은 희귀동물도 고객들에게 혐오감이나 거부감을 주는 동물은 오히려 역효과를 내기도 한다. 만약 여성복 전문점 옆에 파충류 전문점으로 입점한다면 옷가게 사업주의 항의를 받을 수도 있다.

　아이템을 선정할 때는 햄스터나 도마뱀 등 애완동물을 오랫동안 길러본 사람이 유리하다. 자신이 평소 좋아하고 관심 있는 동물을 선택하는 게 성공 확률이 높기 때문. 펫숍 창업은 애완동물을 길러보지 않은 사람이 시장성만 보고 뛰어들기에는 위험 변수가 많다. 또한 아무리 경쟁력 있는 아이템이라도 주변에 비슷한 점포가 있다면 무용지물이다. 수요와 공급을 생각해서 경쟁 점포 수를 파악하고 상대 점포의 장단점을 알아야 시장 진입 여부를 확인할 수 있다.

아이템을 선정할 때는 거래처를 안정적으로 확보할 수 있는지도 점검해야 한다. 좋은 아이템이라도 갑자기 거래처에서 공급 물량을 확보할 수 없어 거래가 무산되었을 때 이를 대체할 만한 거래처가 없다면 곤란해진다. 구매처와의 거리, 적정 상품 가격 등을 종합적으로 생각해본 뒤 안전하다고 판단되면 아이템을 결정한다.

자신이 선택한 아이템이 수익성이 낮다고 고민할 필요는 없다. 수익성이 높은 아이템은 그만큼 경쟁업체가 많다. 장기적

펫숍 입구에 설치된 담장. 펫숍은 어떤 아이템을 선택하느냐에 따라 인테리어도 달라진다.

인 관점에서 봤을 때 수익성이 떨어져도 꾸준한 매출을 낼 수 있는지가 더 중요하다. 어떤 이들은 특정한 애완동물 종이나 상품을 집중적으로 취급해 경쟁력을 확보하기도 한다. 예를 들어 중대형 펫숍은 재고 관리비 부담으로 인기 있고 잘 팔리는 상품 위주로만 사들이는 경향이 있는데, 이러한 중대형 펫숍이 손대지 않는 희소한 아이템을 찾는 것도 틈새시장을 개척하는 한 가지 방법이다.

아이템을 선택할 때는 점포와의 연관성도 생각해봐야 한다. 예를 들어 파충류 전문점이라면 생물이 온도 변화에 민감하고 스트레스를 많이 받기 때문에 1층 매장보다는 2층이나 지하가 더 적절하다. 아울러 새로운 종을 얼마나 수입할 수 있는지, 아이템 신상품은 어떤 주기로 나오는지, 계절을 타는 아이템은 아닌지 등을 신중하게 고려해서 정한다.

펫숍의 유형별 분류

애완동물 토털 서비스

가장 흔한 형태의 펫숍 창업 형태로 토털 서비스 창업을 꼽을 수 있다. 애완동물 분양을 비롯해 애완동물의 사료나 간식까지 판매하는 멀티 펫숍으로 현재 국내에 있는 펫숍 가운데서도 가장 큰 비중을 차지한다. 특히 애견숍은 가장 보편적인 토털 서비스 매장으로, 일반적으로 애견 미용실을 겸하고 있다.

고슴도치 전문 매장인 '도치야' 내부.

애완동물 멀티숍이라면 애완동물을 건강하게 돌보는 것은 물론 다른 애완동물보다 개성 있게 꾸미고 싶어하는 소유주의 요구를 들어줄 수 있어야 한다.

샴푸와 린스, 건조, 헤어커트 등을 비롯해 빗질과 피부 관리, 귀 청소 등의 서비스를 제공한다. 경우에 따라서는 식사나 산책 등 호텔 서비스를 제공하기도 한다. 애완동물의 미용을 포함해 건강 관리와 기본 훈련까지 담당하는 곳이 바로 애완동물 토털 서비스 전문점이다.

생물 분양을 할 때는 효율적인 관리로 사망을 최소화하는 게 관건이다. 특히 매장에서 직접 생물을 번식시키는 펫숍이라면, 주변 환경 관리에 민감하게 신경 써야 한다. 생물을 도매로 분양받을 때는 전문 브리더에게 분양받는 것이 좋다.

펫 푸드와 용품 판매

애완동물의 크기나 연령대에 맞는 사료와 용품을 판매한다. 불과 몇 년 전까지만 해도 저가 중국산 사료의 판매량이 많았지만, 최근에는 애견 서비스에 웰빙 열풍이 불어 국내에서 만든 고급 브랜드를 찾는 이들이 늘고 있다. 사업주는 이러한 고객의 요구와 애완견의 취향에 맞는 사료를 종류별로 선정해 고객에게 추천할 수 있어야 한다.

애견 간식 전문점에서 판매하고 있는 상품.

시중에는 개와 고양이, 고슴도치 등 애완동물을 위한 다양한 미용용품이 출시돼 있다. 샴푸에서 린스, 트리트먼트, 로션까지 종류도 다양하다. 사업주는 미용용품을 선별해 고객이 기르는 애완동물에게 맞는 상품을 추천한다. 샴푸나 로션뿐 아니라 가위, 클리퍼, 빗 등 애완동물의 특색에 맞는 각양각색의 용품도 판매할 수 있다. 상품을 판매할 때는 팩으로 된 상품뿐만 아니라 고객이 일일이 손으로 만져볼 수 있도록 낱개 포장된 상품을 갖추는 게 좋다.

애완동물 용품 판매점은 정보 수집이 중요하다. 안정된 거래처가 확보된 상태라고 해도 상품 정보나 업계 현황을 자세히 알아두면 펫숍 운영에 도움이 된다. 신제품은 인터넷 검색이나 펫숍 관련 잡지 등을 참고하여 정보를 얻는다. 이런 공부를 통해 현장에서 놓치기 쉬운 유용한 정보를 얻을 수도 있다. 창업 경험이 부족한 이들이라면 거래처와 자주 연락을 주고받으며 업계의 동향을 파악하는 일을 게을리해서는 안 된다.

펫 카페

펫 카페는 애완동물 애호가들이 모여서 차나 가벼운 음식을 즐기는 공간이다. 애견카페와 고양이카페가 붐을 이루면서 애완동물 동호회를 겨냥한 다양한 펫 카페가 생기는 추세다. 펫 카페는 다른 사람의 눈치를 보지 않고 취향이 맞는 사람들과 자유롭게 대화를 나누며 애완동물에 관한 정보를 공유할 수 있다는 장점이 있다.

현재 가장 보편적인 펫 카페인 애견카페의 경우, 애견 인구 증가로 동호인들이 많아지면서 등장한 사업이다. 일반 카페와 달리 애완동물을 위한 편의시설과 용품 판매, 미용 서비스가 이뤄지고 있다. 펫 카페는 도심에서 창업하기보다 외곽 지역에서 창업하는 경우가 많다. 번화가는 뜨내기손님이 많고 장소가 좁아서 주차 공간이 부족하다. 펫 카페 고객은 사람이 북적거리는 곳에서는 애완동물을 관리하기 어려워하므로 소유주와 애완동물이 함께 산책할 수 있는 넓은 부지가 창업하기에 적당하다.

펫 카페는 멀리서 찾아오는 이들을 위해 주차장 확보가 필수다. 일반 카페와 달리 여러 종류의 동물이 드나들기 때문에 매장의 청결 관리도 중요하다. 애견카페를 운영하는 사업주 중에는 가게를 매일 소독하는 사람도 있다. 카페 내에 애완동물을 위한 각양각색의 메뉴가 있다면 더욱 좋다. 북어죽, 달걀죽 같은 건강식을 판매하는 애견카페도 있다.

핵 / 심 / 포 / 인 / 트 / 요 / 약

단가가 높고 마진율이 높다는 이유만으로 펫숍에서 취급할 애완동물을 고르면 안 된다. 중대형 펫숍이 손대지 않는 희소한 아이템을 찾는 것도 틈새시장을 개척하는 방법이다. 펫숍을 유형별로 분류해보면 생물 분양과 용품 판매를 병행하는 애완동물 토털 서비스 전문점, 애완동물의 크기나 연령대에 맞는 사료와 용품을 판매하는 펫 푸드·용품 판매점, 애완동물 애호가들이 모여서 차나 가벼운 음식을 즐기는 펫 카페 등이 있다. 펫 카페는 소유주와 애완동물이 함께 산책할 수 있는 넓은 부지에 창업하는 것이 좋다.

04

입지에서
승부가 결정된다

애완동물과 판매 유형을 결정했다면 본격적으로 점포를 알아볼 차례다. 모든 사업이 마찬가지지만 특히 펫숍은 입지가 사업 성패를 가르는 중요한 요인이다. 펫숍은 고객이 점포를 방문해 생물과 실제로 교감해야만 매출이 발생한다. 따라서 목 좋은 자리까지는 아니더라도 고객이 접근하기 쉬운 위치를 확보해야만 한다.

펫숍은 기본적으로 접근성이 생명이다. 서비스 가격을 저렴하게 책정하는 것도 중요하지만 그전에 고객이 매장을 쉽게 발견할 수 있어야 한다. 펫숍이 입점하기 좋은 곳은 주택단지와 가깝고 교통이 편리한 곳이다. 한마디로 유동인구가 풍부한 곳에 매장이 있어야 한다. 아파트나 주택 밀집 지역은 입소문이 퍼지기 쉬워서 펫숍이 입점하기에 좋다.

입지가 좋은 지역을 고르기 위해서는 먼저 시장조사를 한다. 시장조사를 할 때는 배후지역을 면밀히 따져본다. 인구수와 직업, 소득, 나이, 성별 등을 조사하면 사업주가 선택한 아이템에 맞는 고객층을 선별할 수 있다. 유동인구가 많다고 무조건 장사가 잘되리라고 섣불리 판단해서는 안 된다. 중요한 것은 핵심 고객층이 누구냐이다.

펫숍은 고객층이 한정돼 있으므로 타깃을 잘 골라야 한다. 애완동물을 기르는 사람이 많은 곳에 매장을 낼 필요가 있다. 메인 타깃을 정하기 망설여진다면 설문조사를 해보는 것도 방법이다. 지역 주민이 애완동물을 키우는지, 키운다면 어떤 동물을 키우는지 조사하고 서비스 가격대는 어느 정도가 적당한지도 조

버스 정류장 앞에 있는 펫숍.

좋은 점포란?

고객이 찾아오기 쉽고 자주 찾아오고 싶어지는 점포다. 버스나 택시 등 대중교통 접근성
이 좋아야 할 뿐만 아니라 차를 정차할 만한 공간을 확보하는 것도 중요하다. 좋은 점포는
무엇보다 고객에게 무언가를 줄 준비가 된 곳이다. 펫숍에 온 고객에게 무료로 간식을 나
눠주면 홍보 효과도 있고 고객의 마음을 여는 데도 도움이 된다.

사해보자. 고객에게 필요한 애완동물 용품의 종류와 가격대는
무엇인지 고객에게 설문조사를 해보면, 자신이 창업하려는 지
역의 소비 심리를 잘 알 수 있다.

펫숍 수요가 많은 지역은 중산층이 거주하는 주택가 주변이
나 고급 아파트 지역이다. 그러한 주택가나 아파트 입구 주변에
점포를 얻으면 신규 고객을 확보할 수 있고 펫숍의 경쟁력도
높아진다.

상권 분석의 핵심 노하우

많은 창업자가 점포를 임대할 때 뜻밖에도 입지를 꼼꼼히 따지
지 않는다. 자신이 정한 기준에만 맞으면 입지가 나쁘지 않다
고 쉽게 이해한다. 하지만 그렇게 고른 점포가 의외로 나쁜 점
포인 경우도 많다. 점포를 얻을 때는 한두 가지 요소만 볼 게
아니라 여러 가지를 확인한 뒤 비교해보고 결정해야 한다.

점포 임대를 위한 미니 체크리스트

점포를 임대할 때 우선시해야 할 아래 항목을 확인하고, 항목별로 자신이 준비되었다고
판단하면 임대를 결정하자.

펫숍이 입점할 만한 지역인가?

사람이 자주 지나다니는 곳인가?

주변 상점의 영업 상태는 어떠한가?

주변 상권의 인구 밀집도와 소득 수준은 어떠한가?

지역 주민의 구매 동향은 어떠한가?

경쟁 점포 수와 위치는 어떠한가?

경쟁 점포와 차별화된 경쟁력을 확보했는가?

예상 매출은 어느 정도인가?

손익분기점은 언제인가?

주변 상권을 볼 때는 지역 거주민의 소득 수준과 예상 고객
수를 봐야 한다. 고객들이 어떻게 돈을 쓰는지 소비 패턴을 점
검하는 것이다. 구매 장소와 이유, 구매 방식 등을 하나씩 따져
보자. 이를 두고 '고객의 구매력을 따져본다'고 말한다. 구매력
은 보통 고객의 전체 소득 중에서 가처분소득이 어느 정도인지
에 따라 달라진다. 소득이 적은 사람은 세금이나 생활비 등 필
수 소비 항목을 제외하고 남은 돈이 얼마 되지 않기 때문에 구
매력이 떨어진다. 반면 고객의 소득이 높다면 상대적으로 높은
구매력을 기대할 수 있다.

통행량을 따져보는 것도 중요하다. 통행량은 유동인구와 다

지하에 위치한 펫숍.

른 협의의 개념으로 점포 앞을 통과하는 사람 수를 말한다. 유동인구가 많은 지역이라도 통행량이 적은 점포가 있고, 반대로 유동인구가 적어도 통행량이 많은 점포가 있다. 예를 들어 오피스텔이 밀집된 지역은 주택이 많은 곳보다 통행량이 적어 펫숍을 창업하기에 부적당하다고 볼 수 있다. 원룸 밀집 지역 또한 대부분 애완동물을 기르지 않는 맞벌이 부부나 신혼부부가 살기 때문에 창업하기 적당한 곳이 아니다. 만약 입지가 좋지 않다면 주변에 고객을 끌어올 만한 입지 요인이 있는지 분석해보자. 전철역이나 버스정류장, 영화관 등이 있다면 주변을 지나다니는 고객을 잠재고객으로 분류할 수 있다.

투자비용과 예상 매출액을 따져보자

펫숍은 어떤 경우라도 고객이 접근하기 쉬운 곳에 있어야 한다. 점포 접근성은 건널목, 점포 입구 방향 등 여러 요소가 복합적으로 작용한다. 고객의 동선을 바꾸는 건 어려우므로 가능한 한 접근성과 통행량이 많은 점포를 임대해야 한다. 신축 상가는 권리금이 없는 게 장점이지만 고객들이 상가에 적응해야 하는 단점이 있다. 점포가 대로변에서 잘 보이지 않는 골목에 있다면 서비스 비용을 대폭 낮추는 식으로 고객을 끌어들여야 한다.

점포를 계약하기 전에는 임대료와 수익률을 따져보자. 개점했을 때의 비용과 예상 매출액, 수익을 따져서 개점 비용은 적게 들면서 수익률이 높은 곳은 어디인지 판단해야 한다. 고심 끝에 점포를 계약해 그곳에서 영업 활동을 했는데 의외로 장사가 썩 잘되지 않았다면, 사업주는 그 이유를 반드시 찾아야 한다. 업종을 잘못 선택했을 수 있고 고객 서비스가 나빴을 수도 있는 등 장사가 안됐다면 반드시 그 이유가 있다. 고객은 펫숍에 오더라도 저마다 다른 상품과 서비스를 선호한다. 어떤 고객은 세련된 분위기의 매장을 선호하는 반면, 어떤 고객은 내 집처럼 편안한 곳을 찾는다.

점포 주변에 있는 경쟁 점포도 무시할 수 없는 요소다. 장사하는 사람의 마음은 다 똑같아서 '이 정도 위치면 가게를 내도 괜찮겠다'고 생각하는 곳엔 반드시 경쟁 점포가 있다. 이러한 경쟁 점포의 특성과 장단점을 파악하지 않으면 그 점포와 차별화된 경쟁력을 갖기 어렵다. 주변에 경쟁 점포가 몇 개나 있는지, 매장 규모는 어떤지, 상품은 겹치지 않는지 꼼꼼하게 확인하자.

가게를 엿본다고 손님인 척 가장할 필요는 없다. 예비 창업자임을 솔직히 말하고 가게를 둘러보는 것이 오히려 더 좋은 정보를 얻을 기회일 수 있다. 경쟁 점포의 경쟁력을 꼼꼼하게 따져서 이길 수 있는 전략이 무엇인지 고민해보자. 기존의 펫숍과 경쟁했을 때 승산이 없다고 판단되면, 일정한 거리를 두고 떨어져서 점포를 내는 것도 방법이다.

펫숍은 주변 상권에 따라 매출이 달라지기 때문에 유동인구를 철저히 분석하고 그에 맞는 점포를 구하는 게 좋다. 아파트 상점가에 있는 펫숍은 아파트 입주민을 대상으로 영업한다. 아파트 단지와 밀접한 매장이기 때문에 단골 확보가 가장 중요하다. 상점가에 있는 펫숍은 뜨내기손님이 없고 외부에 노출도 안 되기 때문에 입소문으로 홍보하는 게 중요하다. 오래된 아파트 상가라면 매장을 항상 청결하게 유지해야 한다.

백화점 주변이나 시내 중심가에 있는 펫숍이라고 해서 꼭 유리한 것만은 아니다. 유동인구가 많은 지역이라고 해도 펫숍과 연관이 없을 수 있기 때문이다. 사무실 밀집 지역의 경우, 직장인 고객을 겨냥해 분양이나 호텔 서비스보다는 용품 판매에 주력하는 게 좋다. 일반 마트 매장처럼 넓은 평수에서 할인 품

목 위주로 다양한 상품을 갖춰놓
을 필요가 있다.

펫숍은 숍인숍 형태의 매장으
로 창업하기도 한다. 미용에 초점
을 맞춘 사업주와 분양을 주로 하
는 사업주가 함께 매장을 사용하
는 형태이거나, 쇼핑센터 같은 할
인점 안에 펫숍이 입점하는 방식
이다. 임대료 부담이 낮고 고객을
쉽게 유치할 수 있다는 장점이 있
지만 원하는 대로 인테리어를 할
수 없고 대형마트 입점 시 고객에

건물 3층에 위치한 펫숍.

게 입소문을 내지 않으면 가게 홍보에 한계가 있다.

창업주 역량에 따른 창업 형태

현재 국내에서 가장 큰 규모로 운영되는 펫숍은 고양이와 개를
취급하는 펫숍이다. 흔히 애견숍이나 고양이카페를 예로 들
수 있다. 고양이나 개를 기를 때 사용되는 용품은 공통되는 게
많아서 매장 구성도 비슷한 면이 많다. 진열장과 용품, 의류,
사료, 계산대가 있으며 매장 안쪽에서 미용실을 운영하기도 한
다. 최근에는 매장 앞쪽에 미용실을 설치하는 펫숍도 생기고
있는데, 이는 고객에게 미용하는 모습을 그대로 보여줌으로써

신뢰를 얻기 위해서이다.

동물을 보호하는 진열장은 매장 앞쪽에, 용품은 선반을 이용해 벽 쪽에 두는 게 일반적이다. 경우에 따라서 의류는 취급하지 않는다. 의류는 마진율은 높지만 판매 수량이 많지 않고 단가가 비싸다. 또한 사이즈별로 구색을 갖춰야 하므로 사업주에게 부담으로 작용할 수 있다.

분양보다 미용에 초점을 맞춘 전문 미용실도 있다. 주로 10평 이하의 소규모로 운영되며 애완동물의 크기와 종류에 따라서 미용 가격이 달라진다. 때론 미용사가 출장을 가기도 하는데 이를 출장 미용이라고 한다. 주로 대형 애완동물이거나 주인이 집에서 목욕시키고 싶을 때 출장 미용 서비스를 이용한다. 미용실에서도 사료와 용품을 판매하기도 하는데, 미용 서비스를 이용한 고객에게 목욕 용품이나 수제 간식 등을 권함으로써 매출을 일으킨다. 미용실 규모가 20평 이상 확보된다면 애완동물을 일정 기간 보살펴주는 호텔 서비스를 제공하는 것도 가능하다.

다양한 펫을 한곳에 모아놓은 퓨전숍도 있다. 퓨전숍은 펫 종류별로 다양한 용품과 사료를 갖춰놓아야 하므로 50평 이상의 대형 점포가 유리하다.

애완동물을 기르는 사람이 많은 곳에 매장을 내야 한다. 펫숍 수요가 많은 지역은 중산층이 거주하는 주택가 주변이나 고급 아파트 지역이다. 주택가나 아파트 입구 주변에 점포를 얻으면 신규 고객을 확보할 수 있고 펫숍의 경쟁력도 높아진다. 주변 상권을 볼 때는 지역 거주민의 소득 수준과 예상 고객 수를 봐야 한다. 통행량을 따져보는 것도 중요하다. 통행량은 유동인구와 다른 협의의 개념으로 점포 앞을 통과하는 사람 수를 말한다. 유동인구가 많은 지역이라도 통행량이 적은 점포가 있고, 반대로 유동인구가 적어도 통행량이 많은 점포가 있다.

05

개업 시
이것만은 꼭 챙겨라

펫의 종류만큼이나 펫숍을 운영하는 사업주 스타일도 다르다. 인테리어만 보더라도 카페 분위기를 선호하는 사업주가 있는가 하면, 고슴도치나 앵무새를 취급하는 희귀동물 펫숍처럼 독특한 분위기를 내기 위해 노력하는 사업주가 있다. 인테리어뿐만 아니라 직원을 고용하지 않고 혼자 할 것인지, 고객 관리는 어떻게 할 것인지 등을 고민하면서 내 가게만의 정체성을 확보하기 위해 노력해야 한다.

나만의 경쟁력을 어떻게 만들 것인가

창업 경험이 없는 사람이라면 누구나 인테리어를 처음 할 때 예측 불가능한 변수를 맞닥뜨린다. 아무리 철저하게 준비한다고 해도 비용과 시간의 문제로 다급하게 인테리어를 하고 나중에 보강 공사를 하는 경우가 흔하다. 막상 가게를 열고 영업하다 보면 인테리어의 제약에서 오는 문제점이 많기 때문이다.

애견숍에서 진열장을 잘못 구매하면 개가 스트레스를 받아서 병이 나기도 하고, 희귀동물 전문 펫숍에서 전기배선 공사를 잘못하면 전기세가 과다 청구되기도 한다. 펫숍 인테리어에는 그만큼 변수가 많으므로 일어날 법한 문제를 창업 전에 최대한 줄이는 것이 최선이다.

현재 펫숍을 운영하고 있는 창업자들은 '펫숍에서 일한 경력이 충분히 쌓이면 그때 창업하라'고 조언한다. 예비 창업자들에게 권하는 숙련 기간은 최소 2년 이상이다. 보통 3~4년 경력이면 펫숍을 창업할 만한 역량을 갖춘 것으로 본다.

이미 창업을 결심한 사람이라고 해도 창업 이후 끊임없이 배우고 성장해야 한다. 다른 매장

펫숍에서 제작한 전단.

펫숍 개업 후 홍보는 어떻게 할까?

펫숍을 막 개업한 이후라면 홍보를 어떻게 할 것인지 막막할 수밖에 없다. 홍보 비용이 만만치 않은 데다 어떻게 홍보해야 비용 대비 효과가 좋을지 잘 모르기 때문이다. 펫숍 창업자들이 흔히 쓰는 홍보 방법은 크게 세 가지가 있다. 가장 흔한 방법은 전단 홍보다. 전단 홍보는 효과가 없다고 하는 이들도 있지만, 다른 홍보 수단보다 비용이 저렴한 걸 고려하면 효용성이 꽤 높다. 또한 전단 배포는 매출로 직접 연계되지 않더라도 가게 이름을 알리는 데 큰 도움이 된다.

두 번째 홍보 방법은 과감한 할인 서비스다. 마진율을 고려해 5~10퍼센트 정도 할인하는 단순 할인이 아니라, 50퍼센트 이상 저렴한 가격으로 과감하게 할인하는 것이다. 별도로 광고비를 쓰지 않을 예정이라면 순이익이 남지 않더라도 홍보비 투자 차원에서 할인 이벤트를 벌이는 게 매출을 올리고 고객도 확보할 좋은 방법이다. 특히 미용 서비스는 기술에 능숙해지기 전까지 일정 기간 할인 서비스를 계속해 실시하는 게 좋다.

펫숍에서 경품을 내거는 것도 방법이다. 펫숍을 찾는 고객들 대부분이 애완 동물을 키우고 있는 만큼, 용품을 선물하거나 간식을 서비스로 주는 것도 좋은 홍보 방법이다. 틈틈이 도매상에게 상품 샘플을 받아놓으면 고객들에게 나눠줄 수 있다. 브랜드 제품을 샘플로 나눠주면 같은 제품이 상품 판매로 이어질 가능성도 높다.

마케팅과 판매 노하우에는 왕도가 없다. 앞서 언급한 방법 외에도 자신만의 홍보법이 있다면 과감하게 도전해보자. 어떤 펫숍에서는 무료 시술권을 만들어 홍보하기도 한다. 펫숍에 단골이 확보될 때까지 꾸준히 홍보하려면 사장의 의지와 노력이 뒷받침되어야 한다.

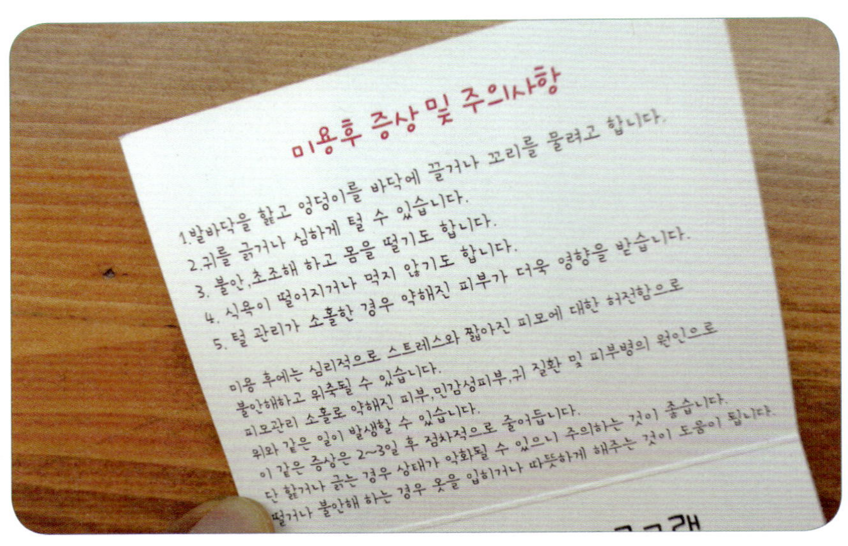

명함 대신 주의사항이 적힌 쿠폰을 제작하기도 한다.

을 둘러보면서 자기 매장의 부족한 점을 보완하고 가꾸는 과정을 거쳐야 펫숍이 자리를 잡을 수 있다.

펫숍의 수익성

펫숍은 교배와 분양, 사료 및 용품 판매, 미용 서비스 등을 주 수익원으로 삼는다. 동물을 맡기는 호텔 서비스도 있지만 수익률이 가장 높은 부분은 단연 애완동물 분양이다. 종별로 차이는 있지만 보통 매입가의 두 배에서 많게는 세 배 정도 마진을 붙여서 판매하곤 한다.

분양 전문 펫숍을 창업하려는 사람이라면, 애완동물을 분양받을 도매처를 선정하고 분양 관련 지식을 공부하는 게 중요하다. 마진율이 가장 높다고는 하지만 애완동물은 잘못 구매하면 병으로 폐사할 수 있다. 그만큼 관리가 까다로워서 웬만한 경력자들도 사육에 애를 먹는 경우가 많다.

펫숍을 단순히 애완동물만 판매하는 곳이라고 생각하면 안 된다. 펫숍은 분양뿐 아니라 미용 서비스와 건강·사육 정보도 제공하는 곳이다. 사업주는 애완동물에 관한 지식과 정보를 제공하는 펫 컨설턴트로서 고객과 수시로 소통하며 고객의 욕구를 파악할 수 있어야 한다. 펫숍 사업자는 수의사만큼이나 애완동물의 몸 상태와 사육법을 잘 아는 사람이다. 고객도 그렇게 알고 있다. 때로는 병에 걸린 애완동물에게 응급처치를 시도할 줄도 알아야 한다.

펫숍은 단골 확보가 중요한 사업이다. 신규 고객보다는 기존의 고객을 단골로 만드는 게 중요하다. 고객의 질문에 친절하

창 / 업 / 포 / 스 / 트 / 잇

평균 순이익은 300~600만 원 사이

펫숍은 배후에 주거 지역이 있고 상권 인구가 10~15만 정도 되는 위치에 있어야 유리하다. 매장 규모는 10~15평 규모가 이상적이며 펫 호텔을 마련할 시 내부 공간이 더 넓어지기도 한다. 어떤 펫숍은 미용과 호텔을 겸하기도 한다.

펫숍 창업은 평균적으로 10~15평을 기준으로 초도 상품비, 집기 구매비, 인테리어비 등을 포함해 창업비로 약 4500~5500만 원을 책정한다. 월평균 매출액은 800~1800만 원 정도이며, 임대료와 인건비 등 고정비와 변동비를 제외하면 순수익은 300~600만 원 사이다.

펫숍 창업 시 창업주가 홍보용으로 만든 팸플릿.

게 답변하고 고객의 애완동물을 내 것처럼 아끼는 마음을 가
져야 한다.

프랜차이즈와 개인점의 장단점

혼자서 창업할 자신이 없다면 프랜차이즈 창업을 고려해보는
것도 나쁘지 않다. 아직까지 국내에는 프랜차이즈 가맹점보다
개인점이 더 많지만, 앞으로 펫 산업이 성장하면 프랜차이즈
창업 수요가 더욱 늘어날 것으로 보인다. 프랜차이즈 가맹점과
개인점은 저마다 장단점이 있기 때문에 어느 한 쪽이 더 낫다
고 말하기는 어렵다. 창업주마다 자금 규모와 개업하려는 가게
의 특징이 다르므로 프랜차이즈 가맹과 개인점의 차이를 꼼꼼

하게 비교해보는 게 좋다.

펫숍은 개인의 노하우가 중요하고 시장의 진입 장벽 또한 높지 않은 업종이기 때문에 창업 시 개인점을 선택하는 경우가 많다. 마니아층을 대상으로 하므로 타 업종보다 홍보나 마케팅 능력이 상대적으로 덜 중요하다는 점도 개인점을 선택하는 이유다. 하지만 장사 경험이 없거나 펫숍을 잘 모르는 창업자는 입지를 선정할 때 상권 분석 등에서 프랜차이즈 본사의 도움을 받는 것이 나을 수도 있다.

프랜차이즈 가맹을 선택하는 이들은 가맹 본사에서 제공하는 매장 관리 능력 및 마케팅 지원에 힘입어 펫숍을 안정적으로 운영할 수 있다. 프랜차이즈에 가맹하면 경쟁력 있는 상권에 좀 더 쉽게 진입할 수 있고 인테리어에서 재고 관리, 홍보까지 본사에서 도와주기 때문에 펫숍을 잘 모르는 창업자가 선택하기에 알맞다. 가맹비와 로열티를 지급할 만한 여건이 되는 이들은 프랜차이즈 가맹을 선택하는 것도 대안이다.

PLUS TIP!

펫숍 창업 프랜차이즈 업체는?

- 러브펫코리아: 02-6254-7582, www.luvpetkorea.com
- 더펫숍: 070-8880-4504, www.thepetshop.co.kr
- 나는펫: 1588-8916, www.iampet.co.kr

프랜차이즈 가맹 시 사업주는 경영에만 신경 써도 된다는 장점이 있다.

프랜차이즈 가맹은 본사의 브랜드를 그대로 가져다 써서 소비자 인지도가 높다는 장점이 있다. 본사에서 광고와 마케팅을 전담해주기 때문에 사업주는 경영에만 신경 써도 된다. 단기간에 투자한 비용만큼의 효과를 원한다면 프랜차이즈 창업이 좋다. 하지만 프랜차이즈 가맹도 단점이 있다. 일정한 로열티를 지불하기 때문에 창업 비용 부담이 커지고 상품 구성에 제약이 있으며 사업주가 자유롭게 영업할 수 없다.

1. 예비 창업자들에게 권하는 숙련 기간은 최소 2년 이상이다. 보통 3~4년 경력이면 펫숍을 창업할 만한 역량을 갖춘 것으로 본다. 펫숍 매출에서 수익률이 가장 높은 부분은 단연 애완동물 분양이다. 종별로 차이는 있지만 보통 매입가의 두 배에서 많게는 세 배 정도 마진이 붙는다. 펫숍 창업은 10~15평을 기준으로 창업 비용이 약 4500~5500만 원 정도이다. 고정비와 변동비를 제외하면 순수익은 300~600만 원 사이이다.

2. 펫숍은 개인의 노하우가 중요하고 시장의 진입 장벽 또한 높지 않은 업종이기 때문에 창업 시 개인점을 선택하는 경우가 많다. 하지만 장사 경험이 없거나 펫숍을 잘 모르는 창업자라면 입지 선정을 할 때 상권 분석 등에서 프랜차이즈 본사의 도움을 받는 것이 좋다.

06

매장을
어떻게 구성할 것인가

어렵게 창업했는데 막상 개업해보니 손님이 없다. 열심히 입소문도 내고 홍보도 해보지만 고객은 매장 근처를 맴돌 뿐, 정작 펫숍에서 돈을 쓰지는 않는다. 이유가 뭘까? 창업 후 손님이 없는 펫숍은 공통점이 있다. 매장에 뚜렷한 콘셉트가 없다는 것, 환경이 위생적이지 못하다는 것이다. 하지만 사업주는 이런 문제점을 잘 보지 못한다.

애견 미용 전문점 인테리어.

고객은 거리에서 수많은 펫숍을 마주친다. 엇비슷하게 생긴 펫숍 사이에서 우리 매장이 구별되지 않는다면, 고객이 우리 펫숍에 들어올 이유가 없다. 매장에서 동물 털이 날리고 상품 진열도 어색해 보이는 매장이 혹시 우리 매장은 아닌가? 이런 매장은 고객이 문을 열고 들어왔다가도 금방 나가기 마련이다.

고객이 자주 찾는 매장은 어떤 곳일까? 공간 효율과 상품회전율이 높은 매장이다. 어떤 매장이든지 장사가 잘되는 매장은 디스플레이에서부터 차이가 난다.

펫숍은 여러 가지 수익원을 가지고 있지만 이 중에서 상품 판매는 성수기와 비수기를 따지지 않고 매출을 올려주는 요소이다. 펫숍은 고객에게 언제든지 상품을 팔 준비가 되어 있어야 한다. 애견숍만 하더라도 고객에게 제안할 수 있는 상품 종류가 수십 가지에 달한다. 사업주는 사려는 물건을 이미 결정한 고객이 펫숍을 찾아온다고 생각하지만 사실 그렇지 않은 경우가 더 많다.

펫숍에 온 고객은 자신이 기르는 펫에게 더 좋은 상품은 무엇인지를 고민한다. 애완동물에게 좋은 사료를 먹이고, 좋은 상품을 선물하고 싶은 게 소유주의 마음이다. 그래서 고객은 신제품에 예민하다. 다른 펫숍에서 보기 어려운 희소 상품이나 가격대가 높더라도 이름 있는 사료를 가져다 놓으면 대형 마트와는 다른 차별성을 만들어낼 수 있다.

상품 단가를 내려 마진을 낮게 책정하더라도, 고객이 쉽게 사갈 수 있는 상품을 많이 진열해두면 매출에 활력이 생긴다. 상품을 구매하는 고객이 항상 이익을 얻었다는 생각이 들도록 영업해야 한다는 점을 명심하자.

매장 규모별 상품 판매 전략

대형 펫숍

펫숍은 취급하는 애완동물의 종류나 매장 규모에 따라서 판매 전략이 각각 달라진다. 예를 들어 앵무새나 파충류 등 희귀 애완동물을 취급한다면 매장 입지보다 규모를 키워서 영업하는 게 더 중요하다. 대형 펫숍은 보통 50평 이상 규모로 주차장이 있으며 상품 구색이 다양하다. 직원이 두 명 이상 근무하고 있으며 애완동물의 분양과 용품 판매를 한곳에서 해결하는 멀티숍이다. 대형 매장일수록 고객을 더 많이 끌어모으고, 애완동물의 종류를 다양하게 구비할 수 있다는 장점이 있다.

대형 펫숍은 인테리어에 꼼꼼히 신경 쓰지 않으면 매장에 불필요한 공간이 생기거나 공간 활용의 효율성이 떨어지기도 한

넓은 공간에 다양한 용품을 구비해놓은 희귀동물 전문점.

다. 공간이 넓다는 이유로 물품 보관 창고처럼 쓰거나, 상품의 종류만 많고 어수선한 매장으로 보이기 쉽다는 얘기다. 이 때문에 대형 매장을 운영하는 사업주는 늘 효율적인 공간 활용을 염두에 두어야 한다.

매장을 수시로 점검해 상품 정리가 제대로 되어 있는지, 혹은 방치된 공간은 없는지 살핀다. 특히 대형 매장은 사업주가 직원을 쓰지 않으면 고객 응대와 매장 관리에 문제가 생길 수밖에 없다. 고객의 요구사항을 해결하고 전문 펫숍으로 입지를 다지려면 직원을 여러 명 채용해야 한다.

직원을 뽑고 난 이후에는 펫숍 운영과 관리에 대한 교육이

필요하다. 가능한 한 매장 내에 관리 매뉴얼을 만들어놓고 직
원들과 이를 공유하며 수시로 검토하는 것이 좋다.

중소형 펫숍

중소형 펫숍은 펫숍 중에서도 가장 높은 비중을 차지한다. 애
견숍을 비롯해 개와 관련된 펫숍은 대부분 중소형 매장이다.
20~50평 규모인 중소형 펫숍은 대형 펫숍에 비해 매장 규모가
작아서 어떤 상품을 팔지 철저하게 계산해야만 매장을 효율적
으로 운영할 수 있다. 15평 이하인 소형 펫숍은 상품의 구색이
다양한 것보다 사료나 일부 용품을 집중적으로 취급하는 등
상품 전문화에 초점을 맞추는 게 좋다.
　중소형 펫숍은 상품 매입 시 경쟁 점포들을 고려해야 하는

앵무새 분양 전문점 인테리어.

데, 대형 매장과 가격 경쟁을 벌이는 건 무의미하다. 그보다 희소 품목을 취급하는 등 차별화를 시도하는 게 좋다. 중소형 펫숍의 강점은 매장 크기가 작은 만큼, 대형 펫숍에 비해 입지 선택의 폭이 넓다는 것이다. 또한 사업주 혼자서도 영업할 수 있기 때문에 인건비를 절감할 수 있다는 장점도 있다.

좋은 상품을 매입해야 하는 이유

비싸지 않으면서 기능도 좋은 펫 용품은 없을까? 펫 용품이 무조건 비쌀 거라는 건 시대착오적인 생각이다. 최근에는 합리적인 가격대의 신제품도 많이 나온다. 어떤 상품이 좋은지 가려내는 것도 중요하지만, 고객이 원하는 상품이 무엇인지를 알아내는 능력도 필요하다. 펫숍에서 모든 제품을 다 취급할 수 없는 만큼, 사업주의 예리한 감각으로 소비자가 원하는 상품이 무엇인지 찾아내야 한다.

펫숍의 경쟁력이 상품에서 비롯된다는 것은 앞서 언급했다. 좋은 펫숍은 애완동물과 상품이 한눈에도 보기 좋게 정리돼 있고, 애완동물에게 필요한 용품이 카테고리별로 질서정연하게 진열돼 있어야 한다. 품목을 산발적으로 흩어놓는 것이 아니라 관련 있는 상품군을 엮어서 진열해두면 고객이 보기에도 편하고 매장도 더 깔끔해 보인다.

어떤 창업주는 '펫숍이면 분양 잘하고 용품만 잘 팔면 되지 디스플레이가 왜 중요한 거야?'라고 반문할 수도 있다. 하지만

잘 정돈된 매장 인테리어는 고객의 신뢰를 좌우하는 중요한 요소다.

매장 관리와 상품 구성은 펫숍 창업자 대부분이 중요하게 여기는 대목이다. 자신이 운영하는 펫숍이 단순한 애완동물 분양점이 아닌 전문 펫숍이라는 이미지를 만들어야만 고객들이 많이 찾는 매장이 될 수 있기 때문이다.

이 부분을 간과하고 개업한 다음 고객들의 요청에 따라서 인테리어를 몇 번씩이나 바꾼 펫숍 사업주도 많다. 고객이 펫숍에 들어오면 애완동물 전문점이라는 생각이 들도록 펫숍을 효율적으로 구성할 필요가 있다.

좋은 도매상을 만나야 매출이 오른다

도매상은 펫숍 사업주들을 위해 상품을 매장까지 가져다주는 소중한 존재다. 하지만 가게를 개업했다고 해서 이러한 도매상이 저절로 생기는 것은 절대 아니다. 창업을 처음 해본 사람에게는 도매상을 확보하는 일이 보통 쉬운 일이 아니다.

좋은 도매상은 따로 있다. 단순히 물건만 가져다주는 게 아니라 매장 운영에 대한 노하우와 풍부한 정보력을 귀띔해주는데, 이는 사업주에게 큰 힘이 된다. 높은 매출을 올리는 사업주는 대부분 도매상과 원만한 관계를 유지한다. 만약 처음으로 가게 문을 열었는데 어떤 물건부터 매입해야 할지 잘 모르겠다면 도매상에게 도움을 요청한다. 도매상과 친분이 생기면 불필요한 상품 구매를 최소화하고 매장 영업에 대한 팁을 얻을 수 있다.

여러 명의 도매상과 거래하면서 물건을 번갈아 사들이는 건 피해야 한다. 사업주가 정보를 얻기 위해서 물건을 구매하려 한다면 도매상은 그러한 사실을 금방 알아챈다. 도매상 역시 자신이 믿을 만한 사업주가 아니라고 판단하면 어느 시점부터 정보를 주지 않는다. 이 때문에 좋은 도매상을 찾아내 한두 곳과 깊은 관계를 유지하는 것이 펫숍 운영에 훨씬 유리하다. 자신에게 꼭 맞는 주 거래처를 결정한 뒤 다른 도매상과 조금씩 관계를 다져나가는 게 좋다.

도매상과 친분이 생기면 제품 샘플을 무상으로 받을 수 있고, 판매 물품에 대한 다양한 정보도 얻을 수 있다. 도매상이 펫숍 경영을 잘 모를 수도 있는데, 이럴 때는 도매처의 거리가 멀더라도 정보력이 풍부한 도매상과 거래하는 게 좋다.

도매상에게 물건을 주문해야 할 시기는 언제일까? 도매상은 제품이 떨어졌다고 해서 곧바로 배송을 해주는 게 아니다. 보통은 주문한 뒤 짧게는 일주일에서 길게는 3주일까지 시간이 걸린다. 이 때문에 거래처가 아무리 많더라도 재고 수량을 파악하고 적절한 시기에 주문하지 않으면 물건을 제때 받지 못할 수도 있다.

디스플레이가 돋보이는 펫숍 만들기

디스플레이는 매장의 패션이다. 아무리 좋은 제품과 애완동물을 갖추고 있어도 고객의 눈에 보기 좋게 진열하지 못한다면 무용지물이다. 펫숍은 용품이 다양하고 종류가 많아서 상품 진열이 매출과 직결된다고 해도 과언이 아니다.

상품 진열의 원칙을 한마디로 정리하면 '상품을 고르기 쉬워야 한다'이다. 고객이 매장에 들어왔을 때 자신이 원하는 상품을 저가 상품부터 고급 상품까지 한눈에 알기 쉽게 진열한다면 물건을 팔기 쉬워진다. 상품을 선반에 놓을 때는 비교하기 쉽도록 옆으로 나열하고, 시선이 편안하게 머무르고 손이

진열의 3대 포인트는?

고르기 쉽고 알기 쉽고 즐거워야 한다. 고객이 매장을 방문했을 때 기대감을 품고 상품을 구매할 수 있는 환경을 만들어줘야 한다. 진열 효과를 극대화하여 고객의 기대에 부응하자.

고급 사료만 전문적으로 취급하는 애견숍도 있다.

잘 닿는 높이에 진열하는 게 좋다.

상품을 카테고리별, 종류별로 진열하고 적절한 문구를 활용해 고객의 시선을 끌어야 한다. 매장 내에서 가장 눈에 잘 띄는 장소에 그날의 할인 상품과 신제품 등을 진열한다. 상품에 먼지가 내려앉지 않도록 매일 청소하고 포장이 뜯기거나 상한 상품은 교체한다. 펫숍 내부를 밝게 유지하는 것도 요령이다. 입구와 비교했을 때 쇼윈도는 세 배, 숍 내부는 1.5배, 안쪽은 두 배 밝기로 하는 게 기본이다.

고객의 눈높이에 가장 잘 맞는 곳에는 펫숍 내에서 가장 주목을 많이 받는 상품을 진열한다. 선반 위와 아래에 진열된 상

독특한 디자인으로 영업 시간 안내 간판을 만들어 눈길을 끈다.

품의 조화를 고려하되 날씨나 계절, 성수기와 비수기에 따라 판매량이 달라지는 상품의 특성을 고려해 진열한다. 진열할 때는 최대한 상품을 돋보이도록 부피감을 살리는 게 좋다. 주력 상품은 매장 내에서 눈에 가장 잘 띄는 곳에 둔다. 사료 등 판매량이 많은 상품은 대량 구매를 대비해 평소 재고를 충분히 보유하면 좋다. 사료를 매입할 때는 제조 일자에도 신경을 써야 한다. 고객에게 숍에 진열된 상품이 신제품이라는 인상을 주는 것이 중요하다.

상품 색에 따라서도 진열 요령이 달라진다. 펫숍 인테리어와의 조화를 고려해 배치하는 것이 가장 쉬운 방법이다. 인테리어 채도가 높다면 채도가 낮은 상품으로 균형을 맞추고, 반대로 인테리어 채도가 낮고 어두운 톤이라면 채도가 높은 상품을 배치한다. 이러한 색의 균형은 고객의 구매 심리를 자극할

뿐더러 펫숍에서 일하는 사람의 기분도 안정시켜준다.

진열은 곧 매출과도 직결된다. 상품 진열을 효과적으로 하면 매출로 연결될 가능성이 높다. 안내판이나 POP를 활용해 상품의 정보와 특징을 강조하는 것도 한 방법이다. 진열대는 보통 용도가 비슷한 상품을 모아 세로로 배치하는 것이 일반적이다. 진열대의 위쪽은 고급용품을, 눈높이에는 인기 브랜드와 할인 상품을, 진열대 아래쪽에는 사이즈나 용량이 큰 상품과 종합 상품을 진열해둔다.

핵 / 심 / 포 / 인 / 트 / 요 / 약

고객이 자주 찾는 매장은 공간 효율과 상품회전율이 높은 매장이다. 어떤 매장이든지 장사가 잘되는 매장은 디스플레이가 탁월하다. 좋은 펫숍은 애완동물과 상품이 한눈에도 보기 좋게 정리돼 있고, 카테고리별로 애완동물에게 필요한 용품이 진열돼 있다. 품목을 산발적으로 흩어놓는 것이 아니라 관련 있는 상품군을 엮어서 진열해두면 고객이 보기에도 편하고 매장도 깔끔해 보인다. 선반 위와 아래에 진열된 상품의 조화를 고려하되 날씨나 계절, 성수기와 비수기에 따라 판매량이 달라지는 상품의 특성을 고려해 진열한다. 상품을 선반에 놓을 때는 비교하기 쉽도록 옆으로 나열하고, 시선이 편안하게 머무르고 손이 잘 닿는 높이에 진열하는 게 좋다.

07

펫숍 맞춤형
고객 관리법

어떻게 하면 우리 펫숍을 더 많은 고객에게 알릴 수 있을까? 모든 사업주가 가진 고민일 것이다. 펫숍을 개업한 뒤에 전혀 홍보하지 않는 사업주도 있지만 요즘은 홍보와 마케팅 없이는 살아남을 수 없는 시대다. 똑똑한 고객 관리로 구매 의욕을 자극하는 방법은 무엇인지 알아보자.

펫숍마다 고객을 유치하는 방법이 제각기 다르다. 어떤 펫숍은 정기적인 세일이나 이벤트로 고객을 이끌고, 어떤 펫숍은 매장 안에 펫숍을 상징하는 동물을 풀어둔다. 사업주가 정성 들여서 기른 애완동물을 매장에 풀어놓으면 고객이 그 애완동물을 보고 사업주를 신뢰한다. 예를 들어 애견숍에 풀어놓은 개인데 눈곱이나 눈물 자국이 깨끗하게 손질돼 있다면, 매장을 방문한 고객에게 눈물 자국 방지 로션을 팔기가 쉬워진다.

"고객에게 상품을 설명해주는 게 무슨 의미가 있어? 요즘 고객들이 얼마나 똑똑한데."

이렇게 생각하는 사업주가 있다면 다시 고민해보라. 사업주가 흔히 하는 착각 중 하나는 고객이 펫숍에 대해 잘 안다고 믿는 것이다. 하지만 개를 키우면서도 자신이 키우는 개의 정확한 견종도 모르는 고객이 많다. 희귀동물이라면 더더욱 그렇다. 고객은 매장에서 사육 방법이나 기타 애완동물에 관한 지

창 / 업 / 포 / 스 / 트 / 잇

고객이 사육 방법을 물어볼 때는?

애완동물을 처음 키우는 고객이 사육 방법을 묻는다면 고객의 생활 방식에 맞는 노하우를 알려줘야 한다. 단순히 밀폐된 공간이나 진열장에서 키우라고 하기보다 고객이 애완동물을 어떻게 생각하는지, 애완동물을 얼마나 존중하는지를 파악하고, 고객에게 맞는 방식으로 애완동물을 길들이는 법을 설명해준다. 애완동물과 여행을 가거나 놀아줄 때, 애완동물이 예민해질 때 등 각각의 상황에서 애완동물과 어떻게 지내는 것이 가장 좋은지 알려준다.

식을 얻고 싶어한다. 펫숍 사장은 고객들의 이러한 요구를 채워줄 수 있는 사람이다. 고객이 무엇을 원하는지, 고객에게 무엇이 필요한지를 알고 고객에게 먼저 상품을 팔 수 있는 지혜가 필요하다.

충성 고객 확보하기

펫숍은 애완동물을 좋아하는 마니아들이 핵심 소비계층인 만큼 신규 고객을 창출하기가 어렵다. 펫숍 사업주들은 기존 고객을 단골로 만드는 게 더 쉽다고 한다. 하지만 펫숍을 운영하려면 애완동물을 길러보지 않은 신규 고객을 꾸준히 창출해야 한다. 다른 펫숍을 이용하던 고객을 신규 고객으로 만들어내

애완동물을 길러보지 않은 신규 고객을 꾸준히 창출해야 한다.

는 것도 방법이다. 고객은 가격과 서비스 등을 다방면으로 평가해 펫숍을 옮길지 말지를 결정한다.

우연히 지나가다가 매장에 들른 고객, 광고 전단을 보고 펫숍에 호기심을 가진 고객 등은 모두 잠재고객이다. 사람은 누구나 생물을 키워보고 싶은 심리가 있기 때문에 관심 있는 애완동물의 종류가 다를 뿐 펫숍에 호기심을 품고 있다. 어떤 경로를 통해서든 펫에 대한 정보를 듣기 위해 매장에 온 고객을 놓쳐선 안 된다.

용품을 구경하러 온 고객에게 수제 간식 등을 보여주며 애완동물에게 도움이 될 만한 정보를 알려주면 매출을 올릴 기회가 반드시 찾아오기 마련이다. 어떤 사업주는 매장의 독특한 개성을 알리기 위해 캐릭터 제품을 진열하고, 유리 진열장에 있는 개를 사람들에게 보여줌으로써 매장을 지나가는 사람들의 발길을 끈다.

골목이 아닌 대로변에 있는 펫숍은 매장 밖에서도 안이 훤히 들여다보이도록 인테리어를 꾸며 고객을 유도할 필요가 있다. 쇼윈도를 효율적으로 활용해 애완동물과 용품을 함께 진열하거나, 펫 캐릭터 상품을 전시하는 방법으로 눈길을 끌어보자. 쇼윈도에 애완동물을 풀어놓고 고객들에게 즐거움을 주는 것은 당장 매출과 연결되지는 않지만 펫숍을 효과적으로 홍보하는 방법이다. 어떤 펫숍에서는 매장 안으로 들어온 손님에게 매장에서 만든 원두커피를 대접하기도 한다.

애완동물을 분양할 때는 사육 방법과 관련된 조언이 반드시 필요하다.

　애완동물을 분양할 때는 단순히 분양만 해서는 단골을 확보할 수 없다. 분양 후에 어떻게 서비스하느냐에 따라서 펫숍의 경쟁력이 좌우된다. 애완동물을 분양한 뒤에는 사육에 관한 상담, 미용 상담, 수의사 소개 등 후속 관리에 최선을 다해 고객을 단골로 만들어야 한다.

　애완동물을 분양할 때는 용품 판매를 병행하는 게 보통이다. 하지만 고객이 애완동물을 분양받았다고 해서 용품을 무조건 구매하라고 강요하면 안 된다. 간혹 애완동물을 분양받는 손님에게 무리하게 용품 판매를 강요하다가 고객을 잃기도 한다. 고객에게 먼저 예산을 물어본 뒤 예산 범위 안에서 살 수 있도록 필요한 용품을 최소한으로 권하는 게 좋다. 이때 무조건 싼 용품보다는 가격이 다소 높더라도 질 좋은 용품을 구매하라고 권한다. 애완동물을 분양할 때는 사육과 관련된 조언이 반드시 필요하다. 고객이 애완동물 사육에 부담을 느껴 나중에 애완동물을 파양할 가능성이 있기 때문이다.

차별화된 고객 서비스를 발휘하는 법

애완동물 관리는 서비스가 생명이다. 고객이 요청한 서비스와 실제 서비스 사이에 차이가 없어야 하며, 사소한 작업 하나라도 세심하게 다루어야만 클레임을 막을 수 있다. 애견 미용을 전문으로 하는 펫숍의 경우 미용을 하다가도 애매한 부분이 있을 때는 고객에게 즉시 연락을 취한다. 미용 서비스 전 고객과 의사소통을 했다고 해도, 해석의 차이로 고객의 요구가 무

창 / 업 / 포 / 스 / 트 / 잇

분양한 애완동물이 질병에 걸렸다면?

분양한 애완동물이 병에 걸리면 치료비는 누가 부담해야 할까? 원칙적으로는 펫숍에서 치료비를 부담할 필요가 없다. 고객이 분양 전 애완동물의 건강 상태를 의심한다면, 고객이 동물병원에 간 시점을 확인한다. 분양을 받은 뒤 일주일 이상 시간이 흐른 뒤에 동물병원에 갔다면 분양 이후 발병했을 확률이 높다. 희귀동물 펫숍은 애완동물을 분양한 뒤 질병에 걸리면 적극 치료에 개입하기도 한다. 분양한 애완동물이 사망했다면 어떻게 될까? 법이 정한 기일인 일주일 이내에 사망했다면 펫숍에서 책임을 지고 사후처리를 해야 하지만 일주일이 넘었다면 보상할 의무가 없다.

매장을 청결하고 활력 있는 공간으로 만들어라

가게를 한번 둘러보자. 펫숍이 유쾌한 공간처럼 보이는가, 아니면 상자 더미를 방치한 창고처럼 보이는가? 만약 상품이 진열대를 벗어나 있거나, 포장지가 뜯겨 있거나, 먼지가 쌓여 있다면 그 펫숍은 고객이 찾기 싫은 펫숍 1순위가 될 것이다. 이런 환경에서는 품질이 좋고 비싼 물건을 팔 수 없다. 고객이 구매 의욕을 잃을 뿐만 아니라 불쾌감을 느끼고는 매장을 다시 방문하지 않을 것이기 때문이다. 고객이 언제든 안심하고 기분 좋은 서비스를 받을 수 있는 매장으로 만드는 것은 사장의 몫이다.

혹시 마진율이 낮은 상품을 안 파는 게 낫다는 식으로 고객을 내쫓고 있지는 않은가도 살펴보라. 고객이 매장에 와서 사료를 사가려고 하는데, 억지로 마진율이 더 큰 상품을 권하며 판매를 거부하고 있지는 않은가? 그렇다면 신규 고객은 물론 단골마저 놓칠 확률이 높다. 아무리 마진율이 낮더라도 고객이 상품 하나라도 사는 매장과 그렇지 않은 매장은 큰 차이가 있다. 수많은 펫숍에서 사료 시식 코너를 만들고 무료 쿠폰을 발급하는 이유를 생각해보자. 고객을 매장으로 끌어오기 위해서다. 고객이 매장을 방문하는 횟수가 늘면 아무리 매출 규모가 작은 매장이라도 매출이 점차 오르게 돼 있다.

고객은 자신이 펫숍에 들렀을 때 어떤 혜택을 받을 수 있는지 궁금해한다. 펫 상품에 관심을 보이는 고객과 대화하면서 고객에게 필요한 상품을 조심스럽게 추천해보는 건 어떨까? 애완동물 용품을 구매한 고객에게 미용이나 호텔 서비스를 추천하거나 수제 간식을 권하면 생각보다 쉽게 추가 매출을 올릴 수 있다.

펫숍 사업주의 사소한 행동 하나도 고객에게는 평가 요인이다.

시될 수 있기 때문이다. 고객이 발톱을 너무 바짝 깎지 말라고 했다면 발톱 길이를 어느 정도로 유지할 것인지 고객과 구체적인 합의가 이뤄져야 한다.

어떤 고객이든 고객의 이름과 함께 애완동물의 이름을 잊어서는 안 된다. 펫숍은 고객도 중요하지만 애완동물을 접대하는 기술이기 때문에 사업주의 사소한 행동 하나도 고객에게는 평가 요인이다. 애완동물의 이름 외에도 종류, 생년월일, 미용 스타일 등을 기록해두었다가 다음에 찾아온 고객이 말하지 않아도 알아서 미용 서비스를 해줄 수 있는 가게가 성공한다.

사업주도 때로는 애완동물을 다루다가 실수할 때가 있기 마련이다. 실수를 했다면 고객에게 바로 사과하는 것이 중요하다. 예를 들어 개를 목욕시키다가 귀에 상처가 났을 때 원래부터 있었던 상처라고 둘러대면 고객은 화를 낼 것이다. 반면 목욕을 시키다가 긁힌 상처라고 솔직하게 말한 뒤 정중하게 사과하면 고객과의 마찰을 피할 수 있다.

고객뿐만 아니라 애완동물에게도 배려가 필요하다. 애완동

물은 작은 충격에도 죽을 수 있다. 애완견을 예로 들면 미용을
하다가 추락사를 하거나 뇌진탕이 생겨 사망한 예가 적지 않
다. 이 때문에 애견 트리머들은 애견을 관리할 때 품에서 떨어
뜨리지 않도록 주의하라고 강조한다. 애견의 털을 깎는 트리밍
작업을 할 때도 어떤 개는 조용히 참지만, 흥분해서 날뛰다가
바닥으로 떨어지는 개도 많다. 고슴도치나 도마뱀 같은 작은
동물도 마찬가지. 고객은 펫숍 직원이 애완동물을 다루는 방
식을 보고 펫숍을 신뢰하거나 혹은 신뢰하지 않는다.

　고객 서비스를 좀 더 체계적으로 하기 위해서 고객 카드를
쓰기도 한다. 고객의 이름, 애완동물의 종과 이름, 생년월일 등
을 기재해두면 펫숍을 찾은 고객이 다음에 매장을 재방문했을
때 쉽게 영업할 수 있다.

고객과 유대감을 가져라

누구나 펫숍을 창업하면 매출이 수직 상승하기를 기대한다.
하지만 펫숍은 단기간에 고수익을 올릴 수 있는 업종이 아니
다. 또한 창업 후에 곧바로 돈을 벌겠다고 하는 건 욕심이다.
펫숍 창업 경험이 있는 이들은 최소한 1년 이상 인내심을 갖고
기다려야 한다고 말한다. '애견숍으로 성공하려면 수백 마리의
애견을 다뤄봐야 한다'는 말도 있다. 창업 후 1년은 자신이 배
운 지식을 현장에 적용해나가는 과정으로 삼자.

　고객 정보를 효율적인 시스템으로 관리해 활용하면 고객은

고객 관리에 최선을 다해 영업 활동의 효율을 높이면 고정 고객이 늘어 매출이 오른다.

펫숍에 대한 기대감과 신뢰를 품는다. 고객 서비스의 시작은 밀착 관리라고 해도 과언이 아니다. 고객 관리에 최선을 다해 영업 활동의 효율을 높이면 고정 고객이 늘어 매상이 오르고 결국 고객과 지속적인 유대관계를 맺을 수 있다. 고객은 펫숍에 상품만 사러 오는 것이 아니다. 저렴하고 질 좋은 물건은 대형 마트에서도 살 수 있다. 고객이 매장에 오는 이유는 애완동물을 키우는 사람끼리의 유대감을 느끼고 펫숍 주인과 친구가 되기 위해서다. 그런 고객에게 친절하게 대하는 건 펫숍의 생존과 발전을 위해 중요한 부분이다.

고객들은 저마다 펫숍의 서비스 수준을 나름의 기준대로 평

상품을 사면 하나를 덤으로 주는 이벤트 역시 좋은 고객 서비스이다.

가한다. 자신이 중요하다고 생각하는 서비스에서 낮은 점수를 받을 경우 화가 난 고객은 자주 가던 매장이라도 과감하게 발길을 돌려버리고 만다. 중요한 것은 펫숍에서 고객에게 어떤 서비스를 했느냐가 아니라, 고객이 펫숍에서 어떤 서비스를 받았느냐이다. 고객은 펫숍에서 좀 더 좋은 상품을 저렴하게 구매하고 질 좋은 서비스를 받기를 기대한다. 펫숍을 오래 드나든 단골일수록 기대가 더 크다. 상품 가격을 낮추진 않더라도 서비스로 만족을 줌으로써 많은 고객을 확보할 방법을 연구해보자.

1. 펫숍 사업주들은 기존 고객을 단골로 만드는 게 더 쉽다고 한다. 하지만 펫숍을 운영하려면 애완동물을 길러보지 않은 신규 고객도 꾸준히 창출해야 한다. 고객들은 저마다 펫숍의 서비스 수준을 나름의 기준대로 평가한다. 자신이 중요하다고 생각하는 서비스에서 낮은 점수를 받을 경우 화가 난 고객은 자주 가던 매장이라도 과감하게 발길을 돌려버린다.

2. 펫숍에서 고객에게 어떤 서비스를 했느냐가 아니라, 고객이 펫숍에서 어떤 서비스를 받았느냐가 중요하다. 고객 서비스를 좀 더 체계적으로 하기 위해서 고객 카드를 쓰기도 한다. 고객의 이름, 애완동물의 종과 이름, 생년월일 등을 기재해두면 펫숍을 찾은 고객이 다음에 매장을 재방문했을 때 쉽게 영업할 수 있다.

5000만 원으로
잘나가는
펫숍 창업하기

1판 1쇄 인쇄 | 2014년 8월 25일
1판 1쇄 발행 | 2014년 9월   1일

지은이 한국창업컨텐츠연구소(KSCP)
펴낸이 김기옥

프로젝트 디렉터 기획1팀 모민원, 권오준
영업 박진모
경영지원 고광현, 이봉주, 김형식, 임민진

디자인 네오북
일러스트레이터 김홍철
인쇄 서정문화인쇄 | **제본** 서정바인텍

펴낸곳 한스미디어(한즈미디어(주))
주소 우편번호 121-839 서울특별시 마포구 양화로 11길 13 (서교동, 강원빌딩5층)
전화 02-707-0337 | **팩스** 02-707-0198 | **홈페이지** www.hansmedia.com
출판신고번호 제 313-2003-227호 | **신고일자** 2003년 6월 25일

ISBN 978-89-5975-727-5   13320

책값은 뒤표지에 있습니다.
잘못 만들어진 책은 구입하신 서점에서 교환해 드립니다.